Laurent-Désiré Kabila

Ma part de vérité

5-7, rue de l'Ecole polytechnique ; 75005 Paris
http://www.librairieharmattan.com
diffusion.harmattan@wanadoo.fr
harmattan1@wanadoo.fr

ISBN : 978-2-296-03994-0
EAN : 9782296039940

Mwenze Kongolo

Laurent-Désiré Kabila
Ma part de vérité

Témoignage pour l'Histoire

Collection
Comptes Rendus

L'Harmattan

Comptes Rendus

Collection fondée et dirigée par Eddie Tambwe

Déjà parus

- A. Collinet Makosso, Emile Bosuku, Omer Kande et Eddie Tambwe, *L'Affaire des disparus du Beach de Brazzaville. Mises au point pour l'Histoire, 2007.*
- Dieudonné Ilunga Mpunga, *Etienne Tshisekedi, le sens d'un combat*, 2007.
- Kashemukunda Kasongo-Numbi, *Les eaux et forêts de la RDCongo. Changement climatique de la planète les enjeux*, 2007.
- Emmanuel Murhula Nashi, *Pourquoi ont-ils tué Laurent-Désiré Kabila ?*
- Philémon Mukendi Tshimuanga, *RDCongo : entre crise et renaissance. Comment réinventer l'espoir ?*

A paraître

- Vital Kamerhe, *Des rébellions à la Troisième République. Chantiers pour refonder l'Etat en RDCongo.*
- Moïse Nyarungabo, *Mes cents jours au Ministère de l'Economie.*
- Eddie Tambwe, *RDCongo : Vie et Mort des Intellectuels.*

A la mémoire de Laurent-Désiré Kabila, « Mzee » :
plus présent que jamais, dans notre esprit...

A toutes les Congolaises, à tous les Congolais,
morts pour un Congo uni...

Sommaire

Troisième partie :
Laurent-Désiré Kabila dans le texte

Quatrième partie :
Lumumba et Kabila : deux hommes, un destin

Posface :

Introduction :
Du devoir de rendre compte

Notre pays a enfin organisé des élections, à tous les niveaux, après une transition laborieuse et tragique, qui aura causé la mort de plus de trois millions de nos compatriotes, sans compter de milliers des Congolais contraints à l'errance dans les collines de l'Est. Oui, ça y est : nous avons mis en place les nouvelles institutions, tant attendues, même si la Troisième République en République Démocratique du Congo débute dans un climat particulièrement violent.

Comme le montrent les pages de l'ouvrage collectif[1], dirigé par Eddie Tambwe et Anatole Collinet Makosso, la RDC traverse l'une des crises les plus graves de son histoire contemporaine. A sa suite, je reprends la définition qu'il donne du mot « crise » : un moment historique où l'ancien modèle [d'organisation sociale] commence à perdre du terrain, sans pour autant disparaître complètement, un moment historique où le nouveau modèle gagne du terrain, sans pour autant s'imposer tout à fait...

Cette acception originale du mot *crise* correspond comme un gant à notre pays. En effet, malgré des élections, plutôt réussies, la RDC est encore à la recherche des nouveaux repères pour organiser plus

---

[1] On lira, avec fruit, le livre en question : (sous la direction de Eddie Tambwe Kitenge et Anatole Collinet Makosso), *RDCongo : les élections, et après ? Intellectuels et politiques posent les enjeux de l'après-transition*, Paris, L'Harmattan, 2006.

consciemment, plus méthodiquement, le décollage du grand Congo. Et les incidents que nous avons connus depuis l'installation du nouveau gouvernement issu des élections (polémiques frontalières, ici et là, affrontements armés à Kinshasa, dégradation de la situation économique et sociale) ne sont que les signes les plus patents de cette crise.

Que faire, alors ?

Je pense, pour ma part, qu'il est indispensable que nous revenions aux fondamentaux. Il me semble utile que nous retournions aux bonnes sources idéologiques. L'erreur pour un pays est d'avancer dans les brumes de l'incertitude, sans repères idéologiques solides. Je suis un homme politique et mon métier consiste à faire des propositions, en cette matière. Ces pages sont ainsi portées par une volonté politique de proposer à notre peuple une source idéologique viable - et fiable. Or je pense du plus profond de moi-même que seule la pensée politique de Laurent-Désiré Kabila - Mzee[1], comme nous l'appelions tous affectueusement, et comme je vais le nommer dans la suite du texte - demeure l'unique matériau idéologique valable pour les temps incertains que nous traversons.

Pour l'intérêt national, je pense qu'il nous faut revisiter la pensée de Mzee. Il nous faut donner cette pensée, à lire et à voir, à notre peuple et à toute la classe politique congolaise comme des éclairages pour l'avenir de notre pays. C'est, humblement, l'objet de ce livre. Aussi, ce livre voudrait présenter la pensée de Mzee, dans sa richesse, dans sa complexité historique,

[1] Mzee : vocable swahili signifiant le vieux, le sage.

dans sa dynamique stratégique pour en faire une nourriture pour le présent, pour notre peuple. Laurent-Désiré Kabila, comme on le sait, a traversé l'histoire postcoloniale de notre pays en observateur averti et critique, en acteur politique particulièrement actif. Il a été le plus grand opposant à la dictature installée dans notre pays à la suite de l'assassinat de Lumumba (janvier 1961), avant de mettre fin à l'odieux régime mobutiste grâce à un appui populaire sans précédent dans notre mémoire nationale (la révolution de mai 1997). Ce cheminement personnel et politique, d'un homme esseulé mais maîtrisant l'Histoire du Congo et de l'Afrique noire dans toute leur complexité, a permis le développement d'une synthèse idéologique féconde. Hélas, la pensée de Mzee est, pour tout dire, mal connue du grand public. Ce livre se rapprocherait ainsi de son objectif s'il permettait une meilleure diffusion de cette pensée. L'auteur serait satisfait de cette modeste contribution à l'Histoire nationale si le peuple congolais, informé grâce à cet outil, tentait de toutes ses forces de se réapproprier la pensée de Mzee.

Mais, pour moi, Mzee, c'est aussi l'histoire d'une complicité politique, d'une solidarité intellectuelle et idéologique. Et pour tout dire, d'une amitié qui a profondément changé ma vie, d'homme et de politique. Ma vie a connu une césure profonde : il y a eu un avant Mzee, et un après Mzee. Ces pages sont également l'histoire de cet étrange deuil, politique et humain. Pour moi, Mzee, c'est aussi l'apprentissage de la praxis politique. J'ai voulu par conséquent profiter de ce livre pour parler de ma rencontre avec cette figure historique, avec les mots les plus simples.

Toutes ces exigences expliquent la structure générale de ce livre, qui va commencer par évoquer l'histoire de cette amitié politique, de cet apprentissage. Ce livre conduira ainsi le lecteur dans les fins fonds des maquis de l'Est, quand dans la solitude la plus noire, nous avions commencé notre marche vers Kinshasa, luttant contre la dictature de Mobutu. Le lecteur découvrira ainsi le stratège militaire et politique qu'était Mzee, au milieu des ambitions nauséabondes et malsaines des régimes Kagame et Museveni.

Dans un deuxième moment, nous revisiterons les écrits de Laurent-Désiré Kabila, pour en tirer toute l'actualité et toute la quintessence. Mais évoquer Mzee, c'est forcément rendre compte de sa disparition brutale et tragique : c'est la troisième articulation du livre. Mais la mort - aussi tragique qu'elle soit - peut donner lieu à une renaissance politique : « Si le grain ne meurt », pour paraphraser l'écrivain français André Gide. En effet, comme une étrange symbolique à forte signification politique, la mort de Mzee, loin de le jeter dans les décombres de l'Histoire, a permis la poursuite de sa lutte en la personne de son propre fils : Joseph Kabila Kabange. C'est le dernier propos de ce livre.

Première partie :
De Sofu Mwango à Philadelphie

Né dans le trouble de l'indépendance

Septembre 1960 : le mois et l'année de ma naissance, dans la province congolaise du Katanga... Le Katanga dans lequel je vois le jour est sous le contrôle d'un Moïse Tshombe appuyé par les sécessionnistes belges et les milieux capitalistes occidentaux. En ce mois de septembre 1960, la crise congolaise a atteint son paroxysme. L'ambiance politique est donc assez singulière.

Peu après ma naissance, mes parents se retrouveront « à la foire », sorte des camps de réfugiés, aux alentours du « Quartier Bel Air », dans la commune de Kampemba. Les troupes dépendant des Nations unies tentent de protéger les réfugiés nordistes du Katanga, qui sont sympathisants du gouvernement central (Jason Sendwe) et les opposants au régime sécessionniste en place. On peut donc dire que la politique m'a happé dès ma naissance. Pourtant mon père était le modèle de l'homme apolitique. Mon père, Timothée Lubaba Inabanza et ma mère, Kasongo Afiya (qui signifie « santé »), sont tous les deux originaires de la tribu balubakat. Ma naissance eut lieu à Sofu Mwango, à soixante kilomètres de Lubumbashi, sur la route de Likasi. On pouvait aussi dire « Nzovu Muhongu ». Cela signifie le dos de l'éléphant. Il y avait, semble-t-il, beaucoup d'éléphants dans la contrée.

Mon père a travaillé d'abord dans une ferme entre Lubudi et Luena. Il sera par la suite engagé à la Société nationale des chemins de fer. Mais Sofu Mwango est un lointain et nostalgique souvenir d'enfance. Ma famille s'est beaucoup déplacée. Nous avons habité tour à tour à Kimbembe, à Lubumbashi, à Likasi, à Kolwezi, à Lwena, à Lubudi, à Lubumbashi... Nous étions des enfants sans lieu précis. J'ai commencé mon école primaire à Kolwezi en 1965. J'ai dû abandonner à cause du froid, que je ne supportais pas. J'ai recommencé à Lwena. Le climat était meilleur. Il y faisait en effet très chaud. J'aurai mon certificat à Kinandu, dans un internat entre Lubumbashi et Kipushi. Puis, je suis allé à Sandoa où j'ai obtenu mon brevet de cycle d'orientation. J'entamerais mes études secondaires à l'Internat méthodiste de Mulunguishi.

Un père apolitique

Aussi loin que je puisse remonter dans mes souvenirs, mon père n'a jamais eu d'engagement politique marqué. On dirait même qu'il était plutôt apolitique. En tout cas, la politique n'était pas le sujet central de la famille. C'était un brave travailleur, toujours en mutation. Les rares fois où il évoquait la politique, c'était pour en rire. Je garde encore quelques souvenirs. J'avais sept ans.

Le régime de Mobutu est alors tout puissant. Nous sommes en plein régime de parti-Etat. Ma famille était permutée à Lubudi. Pendant que nous y allions, à bord d'une voiture destinée aux cadres de la Société nationale des chemins de fer, mon père s'adonnait à ces moqueries sur la politique. Il parlait de Mobutu comme d'un « ogre », sans doute pour souligner le penchant kleptomane du personnage. Il le mimait, en débitant des phrases en lingala qu'il ne devait pas comprendre lui-même... C'était pour faire rire, pour se moquer du dictateur.

Dans mon enfance, j'étais plutôt actif. Un peu « leader ». Dans les colonies des vacances, ou en groupe, j'avais une ascendance naturelle sur mes camarades. Adolescent, j'ai fait partie de divers mouvements. Notamment, la « Jeunesse pour Christ », chez les protestants méthodistes. J'ai fait même partie des groupes de prière. Même dans la famille, je prenais l'initiative. Et lorsque mon père réunissait, pour prier, les jeunes du quartier, et moi je faisais l'acolyte. C'était souvent moi qui lisait et entonnait les chansons...

Mon père me préparait, à sa façon, aux responsabilités en impliquant dans tout ce qu'il faisait. Pourtant je suis l'avant-dernier d'une famille de douze enfants, donc le onzième de la famille. Je n'étais pas un enfant timide. Loin de là. Plutôt bagarreur, et un battant. Parfois, difficile à contrôler. Le cadet de notre famille, mon petit frère, pourrait en témoigner : il en a vu de toutes les couleurs avec moi. Etant le dernier de la famille, il était naturellement plus choyé que moi ; et cela m'énervait... Au moindre prétexte, je lui courrais après en criant : « toi, je vais te tuer... »...

Mais c'était dans l'innocence de l'enfance...

Le délire mobutiste

Mes études secondaires se dérouleront à l'Internat Méthodiste de Mulunguishi soutenu par des missionnaires américains, des membres du célèbre « Corps de la paix ». Ces américains nous avaient beaucoup influencé. C'est la principale raison qui explique par la suite mon choix pour des études d'anglais. J'espérais ainsi aller vivre en Amérique...

J'obtiendrais mon diplôme d'Etat (baccalauréat) en 1979. Je reviendrais à Lubumbashi pour enseigner quelque temps, dans une école primaire de Katuba, en attendant une inscription à l'université. Je devais joindre la ville de Goma, au Nord-Kivu. Une de mes sœurs y vivait. Il s'agissait pour moi de gagner par la suite la Tanzanie. Je tenais à poursuivre mes études universitaires dans ce pays anglophone. Mais ce n'était pas possible : à l'époque, le régime communiste au pouvoir acceptait difficilement les étudiants étrangers. J'ai dû rentrer au pays. Je serais alors inscrit à l'Institut Supérieur Pédagogique de Bukavu.

Nous étions en pleine période de « mobilisation mobutiste », caractérisée par une forte idéologisation de la vie sociale et estudiantine. Mais, moi, j'ai failli être chassé de l'université de Bukavu à cause de ma « tiédeur militante». Alors que pour le parti unique, « tout Zaïrois, qu'il le veuille ou non, est membre du parti », mon indépendance d'esprit m'éloignait des activités de la JMPR. Il m'arrivait même de mener de petites actions subversives contre les activités du

« comité sectionnaire » de la jeunesse estudiantine. Un jour, en 1982, avec Dieudonné Kankolongo Tshinkumba, un de mes amis, nous serions à la base d'une forte perturbation dans la ville de Bukavu. Nous avions arrêté un important cortège de voitures transportant des pontes du parti. Le « dirigeant sectionnaire » de l'époque, M. Mupira, qui est aujourd'hui député et membre de la société civile du Sud-Kivu, écrira même une lettre d'avertissement d'une sévérité effarante. Kankolongo et moi n'étions qu'en premier graduat.

Je me souviens d'un autre incident, en 1985. J'étais en première licence. Des étudiants discutaient entre eux, non loin du campus universitaire. Un groupe de militaires s'avança vers eux, leur exigeant de montrer leurs « cartes d'identité ». La pratique était courante sous le régime de Mobutu. Mais, comme les soldats étaient mal payés, ou pas du tout, ils abusaient de ces contrôles d'identité pour extorquer de l'argent aux populations les plus fragiles. Les étudiants interpellés par le groupe de soldats en patrouille refusent d'exhiber leur identité. Fâchés, ces derniers menacent de conduire les étudiants au poste. Mais les étudiants intervertissent les rôles en s'emparent des soldats, confisquent leurs armes, et les traînent de force jusqu'au campus. Acte de bravoure et de subversion. Ils font une entrée triomphale sur le campus. Applaudis comme de vrais héros ! Ils seront vite rejoints par les autres camarades. En se débattant de l'emprise des « civils », un des soldats réussit à reprendre son fusil et tira un coup de feu sur un étudiant qui meurt sur le champ !

Quand l'incident se produit, je suis dans ma chambre. Alerté par l'agitation générale sur le campus et le coup de feu, je quitte précipitamment la chambre. Je me rendis sur le lieu du drame. L'étudiant gisait sur le sol, ensanglanté, mortellement atteint. Il fallut trouver un étudiant qui savait conduire pour transporter le corps à l'hôpital. Le hasard, ou le destin, a voulu que, parmi les badauds en attroupement, je sois le seul qui savait conduire. J'ai donc dû emmener ce jeune corps d'étudiant inanimé à l'hôpital. Je garde encore un souvenir ému de cet incident. C'était un jeune homme de la tribu nande du Nord-kivu, inscrit en première année de graduat. Si mes souvenirs sont bons, il devait s'appeler Kambale...

Dans l'organisation du MPR, les activités des étudiants étaient surveillées et contrôlées par un « redoc », cadre des services de renseignement. A l'époque, notre « redoc », c'était M. Musenga, qui continue d'ailleurs de travailler à l'ANR (Agence nationale des renseignements). C'est M. Musenga qui organisera, pour le compte du MPR, les obsèques de l'étudiant abattu. Nous avions fait promener le corps dans toute la ville. C'était émouvant...

Mais, à la fin, les services de sécurité nous ont arraché le corps de force pour aller l'enterrer chez lui à Kanyabayonga. Etant fortement marqué par la révolte contre Mobutu, je n'ai pas eu beaucoup d'influences des leaders de l'époque. Aucune admiration pour le régime Mobutu, aucun respect pour ses dirigeants. Evidemment, j'étais marqué par la figure mythique de Patrice Lumumba. Notre héros national m'a marqué dans le sens de l'indépendance, au sens politique et idéologique, au sens historique de l'autodétermination des peuples.

A l'école secondaire, j'ai eu l'influence d'un professeur de français du nom de Kanyamuhanga, un Congolais Tutsi. Il m'a fait aimer des auteurs africanistes. Il m'a nourri de lectures idéologiques sur l'autodétermination des peuples. Il m'a fait découvrir des ouvrages essentiels, comme celui du Sénégalais Cheik Anta Diop (*L'antériorité des civilisations nègres*). Cet enseignant, cultivé, intelligent, m'a ouvert au monde, m'a appris à me défaire de mon complexe d'homme noir. Je ferais par la suite plusieurs exposés à l'école secondaire, sur des thématiques de cet ordre.

Devenu ministre de l'Intérieur, je retrouverais Kanyamuhanga comme Gouverneur de province du nord-Kivu. C'était pour moi une grande joie de l'avoir comme un de mes collaborateurs. C'était le signe de l'accomplissement d'un cheminement idéologique. Ce brave homme sera par la suite assassiné par les forces obscures liées au Rwanda.

Engagement politique depuis les Etats unis

J'ai décroché une *Licence en Pédagogie, option : Littérature anglaise*, à l'Institut Supérieur de Bukavu. Evénement mémorable, symboliquement significatif d'autant que j'aimais l'anglais depuis l'école secondaire. Après mes études universitaires, j'ai commencé à enseigner aux missionnaires américains qui arrivaient chez nous, et aux volontaires du « Corps de la paix ». Je devais les former à l'apprentissage des langues locales et en français. Pendant les vacances, je les accompagnais dans la brousse du Sud-kivu. J'ai beaucoup sillonné ce coin du pays, dans Bunyakiri, Mwenga...

Grâce à ce réseau, j'obtiendrais une bourse pour l'étranger. Au départ, j'étais attiré par les lettres, je voulais étudier les techniques de traduction de la Bible. A la fin de l'année 1985, je me retrouve ainsi à Tyndale Seminary, une université américaine, au Pays-Bas. Je vais y passer deux années. C'est là que j'ai rencontré celle qui deviendra mon épouse, Erykalynn Taylor. Après notre rencontre, nous avions décidé de nous installer aux Etats unis. Nous sommes en 1989. Je reprendrais mes études, au Temple University, à Philadelphie, dans l'Etat de Pennsylvanie.

Aux Etats unis, je ferais quelques métiers. J'ai travaillé dans la construction des maisons, avant d'entrer dans une banque qui s'appelait « PSFS ». J'ai travaillé en tant que caissier. J'ai travaillé également dans la police, au titre d'investigateur auprès de la Cour municipale de Philadelphie. Mon travail consistait à faire des recherches sur des criminels bénéficiaires d'une liberté provisoire. J'étais un policier sans uniforme, une sorte de détective. J'en ai profité pour passer un diplôme de « maîtrise en criminologie », à Temple University...

Nous sommes dans les années 1990, celles qui consacrent la chute du parti unique zaïrois, le MPR. C'était le commencement de la longue transition dans notre pays. Comme chacun le sait, dès la fin des années 1980, les vents de la démocratisation soufflent sur l'Afrique noire. A la suite de la perestroïka initiée par le Président russe Gorbatchev, les grands bouleversements se produisirent sur la scène internationale dès la fin 1989 : montées des contestations populaires, démantèlement du communisme en URSS, effondrement du Mur de Berlin, chute de Ceausescu en Roumanie, effondrement des dictatures...

Au Zaïre, le régime est depuis longtemps affaibli. Outre une crise économique et financière grave, divers événements avaient déjà fragilisé le régime mobutiste. Le processus d'affaiblissement remonte au total au début des années 1980. Pour mémoire, des faits comme les deux guerres du Shaba (1977 et 1978), la défection des parlementaires qui fondèrent le parti dissident dit Udps (en 1982), la démission du Premier ministre (M. Nguz), l'échec des plans économiques, la montée des contestations populaires, la mise en place de la politique de rigueur par le FMI, avaient fragilisé le régime. Face aux pressions internes et extérieures, Mobutu lance, à la fin de 1989, l'idée des consultations populaires, afin de recueillir les doléances du peuple, de réformer le système politique à la lumière des avis de la population. A l'issue de ces consultations nationales, Mobutu proclame le 24 avril 1990 la restauration du pluralisme. Mais le peuple réclamait en réalité le départ du dictateur. Face à cette demande non satisfaite, le pays allait entrer dans un cycle tumultueux, ponctué de grèves, de pillages, de villes mortes...

Pendant ce temps, l'idée de la tenue d'une « conférence nationale » s'impose dans divers pays africains comme le seul cadre de négociation du passage de l'état monolithique de nos pays au multipartisme. Le Bénin et le Congo-Brazzaville avaient bien négocié ce passage, notre pays s'est singularisé une fois de plus... L'idée de la conférence nationale comme seul cadre de règlement des problèmes du pays allait également s'imposer chez nous. Le dictateur Mobutu va une fois de plus se singulariser en refusant de toutes ses forces la tenue d'une telle conférence. Il fallut tout le courage, toute la bravoure de nos populations, au travers des villes mortes, des manifestions populaires et estudiantines ayant entraîné de milliers de morts du fait de l'intervention brutale et arbitraire des forces armées de la dictature, pour contraindre Mobutu à accepter l'idée d'une conférence nationale.

De guerre lasse, le régime Mobutu acceptera la tenue d'une Conférence nationale. Celle-ci s'ouvre au mois d'août 1991 au Palais du Peuple à Kinshasa, sous la direction du gouvernement de Mulumba Lukoji. Mais suite aux multiples manœuvres du pouvoir mobutiste et à l'immaturité d'une opposition politique corvéable à souhait, la Conférence Nationale Souveraine (CNS) zaïroise allait friser le ridicule. Non seulement, elle aura trop duré, mais elle allait aussi permettre à Mobutu de se refaire une seconde santé. Cette immense montagne accouchera d'une souris, une souris bien conformiste qui allait bien arranger Mobutu : fin 1992, on assistera en effet à la clôture brutale de la CNS avec, comme résultat, la mise en place d'un Acte constitutionnel de transition, d'un gouvernement de transition (le Haut conseil de la République), d'un Conseil électoral... C'est pourquoi, comme je le montre plus loin, Mzee rejetait en bloc ses résolutions. Pour lui, il était clair que celles-ci relevaient des constructions héritées de la dictature mobutiste.

Je dus suivre toutes ces années d'agitation politique, depuis les Etats-Unis. Mais je n'ai pas vécu ces années dans l'inactivité politique. Au contraire. J'éditais en effet un journal politique du nom de «Forum Zaïrois ». Nous écrivions en français, étant donné que le premier public était évidemment les Zaïrois vivant en Amérique du Nord. C'était un journal de l'opposition à Mobutu. Nous voulions sensibiliser nos compatriotes sur les enjeux de la démocratisation dans notre pays. A l'époque ce n'était pas facile. Beaucoup de Congolais ne croyaient pas que Mobutu allait tomber.

Nous travaillions en synergie : avec des compatriotes comme Abedi Mizaba, Crispin Adonagow, Ilunga Kitombolwe, Mutombo Nkulu Nsenga, Mawampanga Mwana Nanga, André Kapanga, l'actuel conseiller diplomatique du Président Joseph Kabila... Ce sont des gens qui appuyaient notre journal, ils nous encourageaient, nous lisaient aussi...

Le journal était édité à Philadelphie. On travaillait comme des volontaires. On écrivait, avec passion et détermination, pour faire changer les choses dans notre pays. Nous publions des informations sur ce qui s'y passait. Notre action prenait également la forme d'un lobbying, puisque nous faisions des pressions sur le département d'Etat dans la section chargée du Zaïre, le Zairian Desk. Nous étions là quand Mobutu fut humilié à New York, à la Tribune des Nations unies. On a chahuté dans la salle pour l'interrompre. C'étaient surtout les sympathisants de l'UDPS qui étaient à l'avant-garde.

Mon journal me fera connaître de nombre de nos compatriotes. Je me retrouverais ainsi chargé des Relations publiques au sein de Anacoza (The All North America Conference on Zaïre), une plafe-forme des mouvements et partis politiques zaïrois de toute l'Amérique du Nord. Dans ce cadre, je serais en contact continu avec les politiciens congolais. Je me rappelle avoir écrit à Tshisekedi, à Kibassa, et à bien d'autres opposants à Mobutu. L'Anacoza allait profiter d'Internet pour étendre ses ramifications. Nous nous rencontrions parfois à Lexington (Kentucky), la ville où habitait Mawampanga Mwana Nanga. Une petite ville conservatrice, qui réunissait quand même des révolutionnaires.

Vous avez dit « Kabila » ?

Pendant que la situation politique du pays s'engluait dans une équation indescriptible, le régime de Mobutu s'affaiblit de jour en jour. De plus, le vieux dictateur est gravement atteint physiquement, par un cancer de la prostate. Mais au lieu d'organiser sa relève, il s'accroche au pouvoir, aidé par des collaborateurs qui ne pensent qu'à remplir leurs poches, comme au bon vieux temps.

Pendant ce temps, le Kivu sombre dans la violence. Toutes les conditions d'une déflagration sont alors réunies. La situation créée par les réfugiés hutu, fuyant le Rwanda, à la suite du génocide de 1994, est intenable. Une insécurité innommable règne dans cette partie sensible du pays. Les FAZ, dont les troupes demeurent impayées depuis des années, et dont les officiers s'adonnent aux magouilles de toute sorte, n'arrivent pas à gérer la situation, au contraire.

Depuis les Etats unis, j'apprends la constitution d'un mouvement « rebelle », et pour le moins hétéroclite, aidé par les armées rwandaises, et l'appui politique de l'Ouganda et du Burundi.

Ici je voudrais ouvrir une parenthèse importante pour l'Histoire. L'Ouganda n'a jamais envoyé aucun soldat pour aider l'AFDL. Tout ce que Museveni avait fait, c'est de présenter Mzee à Kagame. Par la suite, Museveni cherchera à exercer une pression sur Mzee afin que ce dernier négocie avec Mobutu au lieu de la solution militaire. Dans la plus grande discrétion, une

rencontre avait été organisée à Guru, en Ouganda, entre l'ambassadeur de l'Oua, M. Shahnown, et notre délégation, aux fins d'arrêter la guerre. Museveni voulait à tout prix décourager l'action militaire de Mzee. Peu avant le dernier assaut sur Kinshasa, depuis Kabinda, Museveni tentera encore de dissuader Mzee d'entrer à Kinshasa. Alors que le sort était jeté, Museveni nous demandait d'aller à Utenika. Je me souviens de la colère de Mzee, répondant à Museveni :
- « Tu dis que tu veux m'aider ? Tu veux m'aider en me présentant un plan des Occidentaux ? »

Puis, Mzee lui raccrochera le téléphone au nez !

Plusieurs jeunes Banyamulenge vont grossir les troupes du mouvement. J'apprends également très vite qu'un certain « Laurent-Désiré Kabila » en est le porte-parole. Que savais-je de Laurent-Désiré Kabila, en ce moment-là ? A vrai dire, pas grand chose de précis.

De lui, j'avais quelques bribes d'informations, évidemment, pour avoir vécu dans le sud-Kivu, où Mwando Simba s'évertuait à négocier avec le PRP (le parti de Kabila) pour le compte de Mobutu. Nous nous sommes alors renseignés sur le personnage. Internet nous fournissait quelques informations. Mais je ne savais pas que Laurent-Désiré Kabila était originaire du Nord-Katanga, et par-dessus tout de la tribu luba. Je savais que la mort de son leader Lumumba, et par conséquent, l'instauration d'un pouvoir non issu du suffrage universel ont bouleversé la vie du jeune lumumbiste proche de la frange nationaliste Balubakat (Katanga). D'août 1960 à janvier 1961, il lutte contre la gendarmerie katangaise dans les rangs de la jeunesse du Parti Balubakat (Jeubakat). Jason Sendwé, chef de la

Balubakat, le parti qui regroupe les membres de leur ethnie commune, celle des Lubas du Katanga, remarque ses talents d'orateur et le nomme colonel des jeunesses, en fait des milices Balubakat. Il rejoint ensuite le gouvernement provincial du Nord-Katanga à Manono et devient président de la Jeubakat. C'est d'ailleurs la Jeubakat qui allait tuer son père, qui était resté disciple de la doctrine séparatiste de Tshombe. De 1961 à 1962, il étudie pendant un an à l'université de Belgrade en Yougoslavie. A partir de février 1962, il devient le chef de cabinet à l'Information au sein du gouvernement du Nord-Katanga, puis chef de cabinet aux Travaux Publics (octobre 1962). Fin novembre 1962, il est élu conseiller suppléant à l'Assemblée provinciale. C'est une année plus tard, en novembre 1963, qu'il se rend à Brazzaville où séjournent les leaders lumumbistes qui créent le Comité national de libération (CNL), dirigé par Christophe Gbenye.

Dans ce comité, siégeait également Félix Mumengi, le père de Didier Mumengi. Nommé secrétaire général aux Affaires sociales, à la Jeunesse et aux Sports, du CNL, il est envoyé à Bujumbura (Burundi) en même temps que Gaston Soumialot, en janvier 1964 avec la mission de préparer le soulèvement des populations de la plaine de la Ruzizi et du Nord-Katanga contre le gouvernement de Léopoldville aux mains des *impérialistes*. Le mois suivant, il se rend à Albertville (Kalemie). En mai 1964, il participe à la première insurrection d'Albertville avec l'Armée Populaire de Libération (APL). Le 21 juillet, il est nommé vice-président chargé des Relations et du Commerce extérieurs dans le gouvernement provisoire du CNL, section de l'Est (Albertville). D'août à novembre 1964, il séjourne successivement à Nairobi, Dar es-Salaam et Paris. Il est nommé secrétaire d'Etat aux Affaires étrangères du CNL et ministre plénipotentiaire en Tanzanie, au Kenya et en Ouganda. Le 21 avril 1965, il est nommé deuxième vice-président du Conseil suprême de la révolution. En mai 1965, il se rend en Tanzanie pour diriger, depuis Kigoma, la zone opérationnelle du Kivu et du Katanga. Après la défaite de la rébellion au Congo, il se réfugie au Kenya et s'installe ensuite en Ouganda.

N'en déplaisent à ses détracteurs : le jeune Kabila était si important dans la configuration stratégique complexe de l'époque que son nom est constamment évoqué dans les mémoires du célèbre révolutionnaire sud-américain Che Guevara venu fin 1964/début 1965 dans la partie Est du pays pour soutenir les lumumbistes. Plusieurs auteurs belges (Jean-Claude Willame, Colette Braeckman, etc.) évoquent cet épisode avec une malhonnêteté intellectuelle frisant le racisme. Sortant délibérément les faits de leur contexte, ils décrivent un Kabila « souvent absent du terrain ». Ces auteurs qui ignorent complètement le contexte de l'époque n'ont même pas la décence morale et intellectuelle de souligner les propos de Che Guevara après sa rencontre avec Kabila, en février 1965, à Dar es-Salaam. Aux propres dires de Che[1], « le jeune Kabila,

[1] Paco Ignacio Taibo II, Froilan Escobar et Felix Guerra, *L'année où nous n'étions nulle part. Extraits du journal d'Esrnesto Che Guevara en Afrique*, Paris : Editions Métailié, 1995.

qui est le chef des opérations au Kivu, m'a fait une excellente impression ».

Or, le problème quand Che arrive au Congo, quasiment en 1965, c'est-à-dire quand le régime de Kinshasa commence à bénéficier d'énormes moyens militaires et financiers, appuyés par la présence des soldats occidentaux, principalement belges, et des mercenaires venus de toutes parts. Quand Che arrive au Congo, avec juste quelques instructeurs cubains, on sait depuis longtemps que les amis naturels des lumumbistes (le bloc soviétique et les communistes chinois) n'allaient pas intervenir au Congo. Les dés étaient jetés. La politique, c'est l'art du possible. Un homme politique intelligent doit savoir mesurer les rapports de force à un moment donné de l'Histoire.

Dans tous les cas, Kabila a pu maintenir son influence sur la partie orientale du pays. Les deux guerres de Moba (1984, 1985) contre la dictature mobutiste témoignent de la force et de la permanence du combat de Kabila. Et même l'enclenchement de la guerre de l'AFDL, depuis les mêmes zones, prouve une consistance et une cohérence politiques sans précédent dans l'histoire de notre pays.

Je savais également qu'il avait créé en décembre 1967 le Parti de la Révolution Populaire (PRP), avec l'objectif de « conduire le peuple congolais dans sa résistance moyennant des luttes multiformes adaptées aux circonstances ».

Durant toutes ces années troubles de l'histoire de notre pays, Kabila vécut entre des poches de résistance armées et les capitales africaines dirigées par des régimes progressistes (Dar es-Salaam, Nairobi, etc.), avec comme point d'ancrage la zone sud-orientale de Fizi et Baraka, l'espace sera baptisé « Hewa Bora ». Hewa Bora était conçu comme un centre stratégique mis en place par Mzee pour résister militairement. C'est un plateau élevé avec un bel air à partir duquel l'ennemi est facilement déniché.

Durant presque quarante ans, Mzee vivra ainsi : toujours à la recherche de moyens de poursuivre le combat politique, alors que l'ensemble de la classe politique congolaise dansait pour Mobutu, même certains ex-rebelles connus pour leur radicalité....

Deuxième partie :
Dans l'ombre de Laurent-Désiré Kabila

Dans les maquis de l'Est

Au mois d'octobre 1996, notre association Anacoza entreprit d'entrer en contact direct avec les dirigeants de l'AFDL. Il s'agissait pour nous de concrétiser des contacts commencés par Internet. Après une série de concertations et de réunions, l'Anacoza décida de rencontrer Laurent-Désiré Kabila. A Washington DC, à l'occasion d'une manifestation contre Mobutu, Mawapanga et moi allions nous porter comme des volontaires pour nous rendre sur le terrain, dans les maquis de Goma. Ce n'était pas évident à l'époque d'accepter une telle tâche, tant la sécurité n'était nullement garantie. De plus, nous avions voyagé à nos frais, même si le voyage USA-Goma était approuvé par le comité dirigeant de l'Anacoza.

Nous avions pris l'avion à New York. Nous devions prendre une correspondance à Tel-Aviv pour l'Afrique. Dans cette dernière ville, nous serons retenus par les services de renseignement israéliens. Nous étions tout simplement arrêtés. Nous devions expliquer aux services israéliens les raisons de notre voyage pour Kigali. En effet, pour les services israéliens, le Zaïre et le Rwanda étaient en plein conflit. Il n'était donc pas concevable pour eux que des ressortissants zaïrois veuillent se rendre au Rwanda. Mawapanga et moi passerions des moments très difficiles en Israël. L'interrogatoire tournait sans cesse sur une question :
- « Mais, qu'est-ce que vous allez faire, à Kigali ? »...

Les choses allaient se compliquer pour nous quand, fatigués, nous allions avouer que, en réalité, nous nous rendions plutôt au Congo. Nous étions pratiquement maltraités, surtout par les femmes de la sécurité israélienne. Nous serons finalement libérés. Nous nous rendrons après au Kenya. De ce dernier pays, nous gagnerons la capitale rwandaise, où un officier rwandais nous recevra. Un certain « capitaine Rutahisire »... C'est lui qui s'occupera de notre hébergement. Plus tard, dans la soirée, le capitaine Rutahisire reviendra nous voir avec un message de Kabila.

- « Demain, nous vous amenons à Goma, lança-t-il en nous quittant »...

Je garde un souvenir précis de ce capitaine rwandais. Nous avions beaucoup discuté avec lui, de la situation internationale, de l'AFDL qui venait d'être fondée, des positions françaises quant à la guerre à l'Est du Congo, etc. Le capitaine Rutahisire était sévère envers les Français. Pour lui, Paris ne comprenait pas ce conflit qui visait à chasser Mobutu. Il ne comprenait pas pourquoi Chirac continuait de soutenir le dictateur zaïrois. Il répétait :

- « Les soldats français vont mourir... Il ne faut pas qu'ils viennent ici ».

Plus tard, quand nos troupes arriveront à Kinshasa, j'apprendrais la mort du capitaine Rutahisire. Il se serait « suicidé », à la suite de ses problèmes avec Kagame... Quelques jours avant notre arrivée à Goma, l'AFDL s'était constituée par la signature de l'accord de Lemera, un certain 18 octobre 1996. Devant la complexité de la situation, et pour mieux organiser l'avancée des troupes, les mouvements politiques et militaires engagés dans la lutte contre la dictature mobutiste convinrent de se mettre d'accord sur une vision minimale des choses. Beaucoup d'eau a coulé sous le pont à propos de l'accord de Lemera. Ce lieu a inspiré des commentaires en sens divers. Pour certains commentateurs, l'Acte de Lemera serait celui par lequel nous aurions accepté la partition de fait du pays, cédant le Kivu à Kagame afin qu'il constitue le fameux « Empire Hima ». Cette version des faits m'a toujours fait rire, tellement c'est léger de lancer de telles assertions. Heureusement que l'attitude nationaliste de Mzee, une fois arrivé au pouvoir, a prouvé par la suite que ces commentaires n'étaient que pure invention, sortie tout droit de la malveillance de nos détracteurs.

Comment, en effet, Kabila qui a lutté sans relâche durant près de quarante ans contre l'un des régimes les plus meurtriers que l'Afrique noire ait porté, comment donc cet homme qui a déjoué des pièges de toute sortes, comment celui qui a sacrifié sa vie personnelle et familiale pour une certaine idée du Congo, comment donc Kabila pouvait accepter de « donner » le Kivu aux Rwandais ? C'est vraiment mal connaître l'homme ! C'est d'ailleurs des raisons pour lesquelles j'ai décidé d'écrire ce livre. Il y a un paradoxe Kabila : si le nom de Mzee continue d'être évoqué de manière fréquente, l'homme est si mal connu... Mais revenons à Lemera.

Comme je le notais précédemment, devant la complexité des opérations militaires et politiques qu'implique la progression vers Kinshasa, il fallut penser à un minimum d'organisation. Il fallait que les divers mouvements politiques et militaires engagés dans la lutte contre la dictature mobutiste se mettent d'accord sur un corpus de valeurs, sur un certain nombre d'objectifs et de principes communs. C'est dans ce contexte que les mouvements suivants allaient se retrouver le 18 octobre 1996 à Lemera : le Parti de la Révolution Populaire (PRP) ; le Conseil National de Résistance pour la Démocratie (CNRD) et le Mouvement Révolutionnaire pour la libération du Zaïre (MRLZ) et l'Alliance Démocratique des Peuples (ADP).

Les participants commencèrent par examiner la situation générale de notre pays. Comme on le verra à la lecture du document publié à l'issue de la rencontre[1], les participants dressent le diagnostic suivant. Pour eux, notre pays était marqué :

- au plan politique, par « un désordre institutionnel et la faillite de l'Etat, l'incapacité du pouvoir [...} à rétablir l'ordre, la paix, l'unité et la concorde au sein de la nation » ;

- au plan économique, par « le marasme, la gabegie financière, la corruption et la destruction de l'outil de production et des infrastructures collectives ;

- au plan social, par « la paupérisation continue des populations face à un enrichissement scandaleux d'une minorité de prédateurs et de pilleurs des biens publics...

Cette situation générale chaotique conduit les participants à considérer qu'il y avait urgence de changer profondément les conditions actuelles de la société dans son ensemble. Ils constatèrent aussi que la

---

[1] « Protocole d'accord créant l'Alliance des forces démocratiques pour la libération (Congo-Zaïre) », AFDL.

lutte armée était le seul moyen de restaurer un nouveau pouvoir démocratique au Zaïre. Devant un tel constat, les différentes parties décidèrent d'unir leurs forces pour mieux combattre le régime en place. Une seule structure devait porter ces aspirations : l'AFDL - l'Alliance des Forces Démocratiques pour la Libération. Outre certains autres aspects liés à l'organisation de tout cadre politique, il fut décidé que Laurent-Désiré Kabila soit le porte-parole de la nouvelle organisation.

Notre première rencontre avec celui qui était alors le porte-parole de l'AFDL eut lieu à Goma. En cette fin du mois d'octobre 1996. Laurent-Désiré Kabila nous attendait, Mawapanga et moi, dans une résidence appartenant alors à Seti Yalé, un proche du dictateur Mobutu. A côté de Kabila, un homme qu'on nous présente sous le nom de « Kisase Ngandu».

Cette première rencontre avec Kabila sera plutôt animée, on pourrait même dire « chaude » tant nous n'avions pas encore la même lecture des événements. En fait, nous étions venus avec une grille d'analyse bien précise, conçue depuis les Etats unis, sans emprise avec la réalité du terrain que nous trouvions.

Pour l'organisation que nous représentions, Kabila n'était qu'un rebelle. Si son action était nécessaire pour affaiblir le régime mobutiste, une fois arrivé à Kinshasa, il devait remettre le jeu politique dans la logique de la Conférence nationale cassée par Mobutu. Pendant plusieurs minutes, nous exposions ainsi notre position. Laurent-Désiré Kabila nous écoutait, en acquiesçant de la tête d'un air à la fois lointain et pensif, comme à son accoutumée. Il gardait son calme.

Quand il prit la parole, il n'exprima aucun signe de mécontentement, aucune impatience, aucune nervosité. Il nous fit d'abord une description générale de la situation militaire sur le terrain.

Nous nous sommes vite rendus compte qu'on avait affaire à quelqu'un qui maîtrisait la situation plus que nous. C'était très impressionnant. Il avait une connaissance parfaite du Congo. Pas seulement sur le plan politique, mais aussi sur le plan physique. Il pouvait nous décrire pendant plusieurs minutes des routes, des ponts, des bureaux de l'administration. Il avait un rapport physique avec le pays. Nous, nous étions bourrés de théories. Toutes ces raisons expliquent notre engagement à côté de lui. Nous avions su que l'homme savait où nous allions. Je me rendis compte de la gravité historique du moment, car c'est cet homme là que j'allais rencontrer dans les maquis encore incertains de Goma. Je me sentais en quelque sorte happé par l'Histoire de mon pays, au travers de ce personnage.

Il y avait aussi Kisase Ngandu, à côté de Kabila. Il me fit une bonne impression. C'était un personnage plutôt taciturne. Membre de la famille de Lumumba, le personnage anima un temps des milices anti-Mobutu depuis l'Ouganda. On l'appelait « Colonel », mais il était souvent habillé en tenue civile. Vincent Mutomb Tshibal faisait partie des troupes de Kisase Ngandu, ainsi qu'un bon nombre de jeunes gens qui venaient grossir nos rangs. A la deuxième rencontre paraîtra Masasu. Jeune, avec son apparence Tutsi, il était plutôt silencieux durant toute la réunion qui se tenait en français. Plus tard, je compris que Masasu était plutôt loquace en swahili, car il ne parlait pas français, tout simplement.

Plus intellectuel que militaire, Kisase Ngandu maniait le langage universitaire, avec aisance. Durant les réunions, ses interventions étaient souvent brillantes, quelque peu théoriques. C'est tout ce que j'avais remarqué. Nous avions eu de longues discussions sur la situation politique de notre pays.

J'ai appris la mort de Ngandu Kisase, de manière fortuite, à mon retour des Etats unis. Je devais y aller chercher certains matériels d'appui. J'arrive donc des Etats unis. Je prends un taxi à Gisenyi. Le taximan qui me conduisait à Goma était assez bavard. Il me parlait de tout et de rien. J'en profitais pour lui poser des questions sur ce qui se passait dans la contrée. Je m'enquérais des nouvelles du front. De façon tout à fait par hasard, au détour d'une conversation banale, il m'apprend que « Ngandu Kisase est mort ».

Mon sang ne fit qu'un tour. Le taximan, poursuivant ses causeries, ne remarque même pas mon émotion. Il ne savait pas que je faisais partie de la classe dirigeante du mouvement. Comme je lui demandais de détails de la mort de Ngandu Kisase, il me fit une leçon en ces termes :

- Vous savez, c'est comme ça la rébellion. Les dirigeants meurent mais le mouvement continue. Prenez le cas du FPR : Rwigema est mort comme ça aussi...

La nouvelle de la mort de ce brave compatriote m'avait effondré. Ce fut un vrai choc pour moi. Les commentaires sur cette mort brusque et mystérieuse allaient dans tous les sens. Certains l'attribuaient à l'AFDL, à son chef. Ce qui est invraisemblable.

D'autres affirmaient qu'il avait l'habitude de vendre des convois de véhicules en Ouganda et que d'autres bandes de trafiquants l'auraient éliminé de la course. Aussi, sa mort demeure une énigme.

Après la mort de Kisase Ngandu, Vincent Mutomb Tshibal sera traqué par des Rwandais. Il est vrai qu'il faisait partie de l'aile dure congolaise. Il était le fils spirituel de Kisase Ngandu. Mzee dut le protéger. Moi, je connaissais Mutomb Tshibal bien avant, du temps où je vivais à Bukavu. C'est ainsi que nous avions tout fait pour le protéger.

A l'origine du mouvement, il y avait, dans la classe dirigeante, outre Ngandu Kisase et Mzee, des gens comme Deogratias Bugera, un Tutsi bavard peu profond intellectuellement, Masasu Nindaga, Gaëtan Kakudji qui est arrivé un jour avant Mawapanga et moi. Il y avait aussi Raphaël Ghenda, Paul Kabongo, Babi Mbayi, Bizima Karaha, Moïse Nyarugabo étaient là aussi. Mutomb Tshibal était aussi là, dès le début, parmi les militaires exécutants, à la suite de Ngandu Kisase. Le général Olenga nous a également rejoint après. Il n'y avait aucune femme, en dehors d'une Tutsi courageuse, du nom de Chantal ; elle s'occupait de l'intendance. Toutes ces personnes deviendront des « commissaires généraux » du gouvernement de l'AFDL. Je serais chargé de la Justice. En dehors de ceux qui ont rejoint le mouvement à partir des provinces conquises, tous les autres ont été « recrutés » à Kinshasa, y compris Victor Mpoyo et Abdoulayi Yérodia. Ainsi le lecteur saura qui était vraiment avec Mzee pendant la guerre de l'AFDL. Cela me fait souvent rire de voir certaines personnes se réclamant de Mzee alors qu'elles l'avaient abandonné dans le maquis, avant de réapparaître à Kinshasa une fois le pouvoir assuré...

Il est faux d'affirmer que ce sont les armées rwandaises et ougandaises qui luttaient contre les FAZ. C'est faux, archi-faux. Il faut relativiser le rôle joué par ces pays. Il est vrai que chaque pays a fait la guerre en tenant compte de ses intérêts. Pour le Rwanda, c'était la poursuite des Hutus, les soit disant « génocidaires ». Les Rwandais ne pensaient même pas qu'il était possible d'atteindre Kinshasa. Seul Mzee le croyait. Je me souviens d'une rencontre au cours de laquelle Kagame demandait à ses commandants de revenir au Rwanda. Seul Mzee pensait que l'arrivée à Kinshasa était possible. Si les officiers rwandais nous aidaient pour l'encadrement militaire, ce sont nos propres fils qui se battaient, ces « kadogos » qui venaient au jour le jour grossir nos rangs. Et puis, il faut dire les choses en patriote : c'est surtout l'attitude politique de refus du régime mobutiste adoptée par nos braves populations qui a été déterminante. Il n'y avait pas de déplacement d'avions rwandais, comme certains médias l'ont dit et écrit ! C'est là que se trouve le mensonge. Le Rwanda ne faisait pas tout. On pouvait se déplacer facilement sans faire recours au Rwanda. Le Rwanda nous facilitait pour les petites choses. Anacoza, par exemple, a fourni des ordinateurs pour organiser le mouvement. Par exemple, James Kabarebe n'était nullement notre « Chef d'Etat-major ». Il était simplement chargé par son chef Kagame pour être à la tête de tous les officiers rwandais qui encadraient nos « kadogos ». Mzee recevait, à toutes les étapes, les rapports de la progression du front. Mzee coordonnait tout. Je pense que les cahiers de ses rapports de commandement se trouvent encore dans ses archives. Je souhaite que l'armée nationale imprime toutes ces informations pour le public afin que la population comprenne que Mzee était aussi un génie militaire. Ces cahiers sont cartonnés en noir, avec une bande de reliure rouge. Chaque message et chaque instruction envoyés par Mzee au front étaient bel et bien paraphés par lui-même...

Des bombardements des FAZ sur Bukavu

Ce jour-là, j'étais à l'hôtel *Résidence.* Nous programmions notre descente à Shabunda. Toute notre équipe de jeunes cadres - dans laquelle on retrouvait Milulu Mamboleo, ancienne vice-ministre aux Affaires sociales et Liliane Migabo, ancienne Pdg de la Sonas - se trouvait à l'hôtel *Cosmopolite* en train de déjeuner. Il était approximativement 13 heures 30, quand des bombardements crépitèrent dans les alentours. J'ai regardé par la fenêtre : un avion de chasse passait au dessus de « La Botte ». Je vis par la suite l'appareil effectuer un virage sur la gauche et disparaître derrière les collines. Des bombardements se succédèrent, et la ville fut totalement prise de panique. Mzee se trouvait à Goma. Et comme nous avions suspendu le fonctionnement des communications téléphoniques, nous ne pouvions communiquer.

Dans la ville, il n'y avait que trois autorités de l'AFDL : Masasu Nendaga ; le gouverneur Bishikwabo et moi-même. En somme, c'était la (vraie) première guerre sur Bukavu depuis le passage de Jean Schram. La panique était générale. La population courrait dans tous les sens. C'est à ce moment précis que j'ai réalisé qu'en fait la population était prête à quitter la ville n'importe quand ! Une bonne partie transportait des effets déjà emballés à la minute qui suivait la première bombe ! Tel avait un matelas sur la tête, tel autre portait un gros bassin rempli d'effets personnels ! Des véhicules roulaient à vive allure, dans tous les sens.

Au bout d'une demi-heure, Bukavu vivait dans l'ambiance de la guerre. J'ai décidé de descendre à pied, de marcher jusqu'à l'hôtel où se trouvaient mes camarades. Pris de panique, mon chauffeur avait réussi à s'enfuir avec la voiture. Dans la rue, la confusion était totale. Nos militaires ont pris position sur les points stratégiques de la ville. Mais on pouvait entendre les gens nous lancer :

- « Les rebelles verront, ils croient qu'ils ont gagné le Kivu... Mobutu va les canarder... »

C'était, en fait, la fameuse « attaque générale et foudroyante » promise par Kengo... Deux choses étaient, dans tous les cas, évidentes. Primo : Bukavu n'était pas encore idéologiquement gagné. De ce point de vue, Goma était en avance. Secundo : Kinshasa continuait de hanter la population de l'Est.

A 19 heures, Masasu est venu me voir pour discuter d'un message de l'AFDL à la population. Le studio de la radio était situé dans mon hôtel. Vers 20 heures, le commandant Masasu lança un message d'encouragement à la nation et finit son adresse par ses mots :

- « dawa ya ma ndege iko, na kwanza sasa tutaanza kutimia ». (*Nous avons le remède aux bombardiers, à partir de maintenant nous l'utiliserons*).

Mzee arriva la même nuit de Goma. Il me fit appeler à sa résidence. A ma grande surprise, ce soir-la, nous n'avions pas évoqué les bombardements, mais des préparatifs pour mon séjour à Mwenga et à Shabunda et de l'arrivée des troupes ex-katangaises venant de l'Angola. C'est ainsi que Mzee recevra mon équipe le lendemain pour un mot d'encouragement. Il fera, par la même occasion, connaissance de Milulu Manboleo et de Lily Migabo à qui il confiera respectivement un ministère et la direction générale d'une entreprise d'Etat, après la guerre.

Cette attaque aérienne sur une ville (Bukavu) sera la première et la dernière en son genre. Pour moi, elle reste un événement qui m'a procuré un sentiment mitigé. N'ayant jamais été au front, auparavant, je fus pris de peur par rapport à la suite de la campagne militaire d'autant plus que Bukavu était une base aérienne dépourvue de toute défense consistante. En même temps, cet affront en plein coeur du bastion de l'AFDL m'a encouragé. Il apparaissait clairement que les FAZ venaient de démontrer qu'ils ne pouvaient casser notre ligne de front.

Les bombardements ont été effectués, sans assurance ni conviction : une bombe sur le marché de Kadutu, une autre sur l'immeuble abritant l'ISP/Bukavu, une autre encore sur le quartier Nyawera, etc. Bref, aucune cible stratégique, aucun dommage militaire notable. C'était aussi un signe patent d'essoufflement et de désespoir. Je me disais que si les services de renseignements militaires étaient bons, les bombardements des FAZ allaient viser en priorité l'hôtel *Résidence* où des dignitaires de l'AFDL et même notre radio de propagande étaient logés.

Mzee, stratège militaire et politique

Nous avions souvent des réunions autour de Mzee. C'était lui le principal coordonnateur de nos activités, tant militaires que politiques. Mzee convoquait des réunions, arrêtait des ordres du jour, dirigeait le débat, tirait, en dernier lieu, la synthèse... C'était lui « le patron » naturel du mouvement. Mzee était incontournable : toute sa vie était consacrée à l'action stratégique à mener depuis les brousses orientales de notre pays. J'appréciais également son sens pragmatique des rapports de forces. Il vivait simplement au milieu de « Kadogos » qui le voyaient sans protocole, qui mangeaient parfois les mêmes mets que lui. C'était le paradoxe chez Mzee : autant il pouvait être d'une simplicité effarante pour le leader d'un mouvement aussi hétéroclite et somme toute incertain, autant on sentait qu'il était sophistiqué. C'est pourquoi, l'homme a échappé à tant de pièges. C'est ainsi qu'il s'est introduit dans un système complexe, pourvu de très peu de moyens, jusqu'à le manipuler et à le retourner en sa faveur. Mzee devrait être enseigné dans les cours de polémologie (la science du conflit et de la guerre).

J'ai en mémoire beaucoup d'anecdotes là dessus. Je me souviens d'un Mawampanga râlant contre les Rwandais, se plaignant de leur présence encombrante, de leurs appétits bien aiguisés...

Mawampanga lançait, énervé :

- J'en ai marre de ces Rwandais...

Mzee le calmait, en lui susurrant sur un ton paternel:
- Tais-toi, tu ne connais rien... Tu ne comprends rien. Tu te plains alors que tu n'es même pas encore arrivé à Kinshasa...

Il avait une façon singulière de voir les choses. Comme il me l'expliquera à une autre occasion, il pensait que le seul moyen que nous avions pour contrôler les Rwandais, c'était de les laisser croire qu'ils nous contrôlaient... Il a démontré sa théorie une fois qu'il est arrivé à Kinshasa. Tous ceux qui ont été dans les maquis pourraient témoigner des sacrifices physiques endurés par Mzee. Il mangeait si mal, à force de craindre d'être empoisonné. Il devait au jour le jour trouver des astuces pour manger. Nous mangeons, nous, mieux que lui. Il mangeait du poisson bouilli sans huile, il se contentait souvent du manioc cru...

Je me rappelle un soir à Goma. Nous devions lui dire au revoir : Mawampanga et moi retournions aux Etats-Unis. Les nouvelles du front étaient bonnes. Mzee était content. Il nous dit :
- Bon, on va faire un bon repas d'au revoir.

On a amené le repas depuis l'hôtel d'un Congolais. C'était un bon plat. Comme nous nous servions, le Rwandais Gakwerere assigné à sa sécurité intervint, barrant le passage à Mzee :
- Mzee hauta kula hivi... Hauwezi kula hivi... Wengine wakule[1]...

Nous, nous avons mangé ce bon repas. On est allé chercher des maniocs pour Mzee.

---

[1] Traduction en français : « Mzee, vous ne pouvez pas manger ce repas. Les autres peuvent manger, pas vous... »

Kisangani est tombé !

La chute de Kisangani le 15 mars 1997 sera une étape décisive dans notre marche vers Kinshasa. L'aide angolaise sera déterminante. Les bombardements ont été très lourds. Les FAZ ont dû évacuer la ville. Ce fut l'œuvre des Angolais, et non des Rwandais. Mzee - qui n'admettait jamais que quelqu'un prenne l'alcool dans sa maison – a dû nous laisser sabler le champagne pour fêter l'événement. Et tous les journalistes du monde entier étaient là.

Nous sommes arrivés à Kisangani, le lendemain de la prise de la ville. Il y avait Mawampanga, Bugera et moi. Dès notre arrivée, nous avions parlé à la radio pour appeler la population au calme. On a demandé à l'armée de ne pas faire des mouvements. Notre Etat-major se trouvait dans la maison du Gouverneur de la province. Nous avions trouvé James Kabarebe et Joseph Kabila. Ils dormaient déjà à Kisangani. Ils avaient des besoins auxquels on a essayé de répondre tant bien que mal. Puis nous avons commencé le travail de sensibilisation politique.

Il fallait aussi préparer la venue de Mzee. La situation était encore instable. Il fallait des astuces. Pour des raisons de sécurité, quatre avions devaient atterrir pour faire diversion. Malgré toutes ces précautions, une foule immense s'était donnée rendez-vous pour accueillir Mzee. C'était hystérique : la population cassait même les avions dans l'espoir de voir, de toucher Mzee... L'émissaire des Nations unies et de l'OUA, l'ambassadeur Shahnoun, assistait à cette scène de liesse populaire rare en Afrique noire. Il était stupéfait.

Après Kisangani, la marche devenait aisée. Les villes allaient tomber les unes après les autres. Mbandaka était aussi un fruit mûr. Mzee m'a demandé d'y aller. J'ai pris un avion avec des pilotes zimbabwéens. Car Mugabe nous avait prêté quelques avions. De là, je me rendrais en République centrafricaine.

Vaines agitations diplomatiques

Les villes tombaient l'une après l'autre, grâce essentiellement à l'attitude positive des populations congolaises lassées par le régime déliquescent de Mobutu. La prise de Kinshasa n'était plus une ambition démesurée. Alors qu'il devenait certain que le dictateur tombait, les capitales africaines, les alliés occidentaux, toujours à la traîne des événements, toujours en retard de la marche historique, se mirent à vouloir sauver le régime Mobutu, se mirent à nous discréditer dans les médias internationaux eux aussi toujours aveugles aux grands bouleversements historiques.

Depuis la Suisse, où il séjourne pour raisons de santé, Mobutu demande au gouvernement d'assurer l'intégrité du territoire. Il reçoit à tour de bras : les Français Charles Pasqua (ancien ministre à l'Intérieur, homme de l'ombre des réseaux français en Afrique), Fernand Wibaux (un ancien de la « Cellule Afrique » de l'Elysée)... Mobutu annonce même une plainte du Zaïre à l'ONU contre le Burundi, le Rwanda et l'Ouganda.

Le Conseil de sécurité des Nations unies se réunit le 25 octobre 1996. Au menu de la rencontre : la crise des Grands Lacs. Le Canadien Raymond Chrétien est chargé de « prendre des contacts préliminaires en vue d'organiser une conférence internationale ». Début novembre, un autre sommet des ministres européens de la Coopération se penchera sur la situation à l'est du Zaïre. L'idée d'une « force internationale à déployer à l'est du pays » est de plus en plus évoquée, même si l'on sait que le vieux dictateur n'attendait que cela pour reconquérir les villes perdues par son armée.

Pendant que des villes de l'Est passent sous notre contrôle, le pouvoir décadent de Kinshasa nomme de nouveaux gouverneurs militaires aux Nord et Sud-Kivu. Depuis Bukavu, nous organisons la descente vers le sud du pays (Katanga).

Les pays africains sont également appelés à l'aide par un gouvernement zaïrois miné par des crises internes. Le chef d'Etat-major général des FAZ, le général Eluki, accuse le Premier ministre Kengo Wa Dondo de refuser de donner les moyens nécessaires. Dans cette ambiance délétère, les étudiants mettent à sac non seulement les ambassades du Burundi et du Rwanda mais également les sociétés de téléphonie appartenant aux originaires de ces pays, en ce début du mois de novembre 1996. Dans ce contexte surréaliste, Tshisekedi qui espère récupérer son poste de premier ministre acquis à la CNS accepte de rencontrer Mobutu, en France. La situation des réfugiés se complique. Diverses ONG et pays réfléchissent sur la forme d'intervention sur le terrain. Kabila est d'accord, il est conscient de la situation délicate dans laquelle se trouvent les réfugiés. Il acceptera d'ailleurs de recevoir le Commandant Paul Barril pour marquer son accord afin que les militaires étrangers procèdent à des opérations de largages aériens.

J'étais censé m'occuper de la justice, ma connaissance de l'anglais et de la politique américaine allait me pousser bien malgré moi dans la diplomatie. Un jour, en pleine brousse, alors que je m'occupais du

« groupe de stabilisation des zones libérées », dans l'axe Burega/Kindu, je recevrais un appel de Mzee. Il m'ordonne :

- Mwenze ? Reviens rapidement ici...

Dès mon arrivée, Mzee m'informe que je devais l'accompagner en Afrique du Sud. Dans la délégation, il y avait Bizima Karaha, qui était là en tant que Commissaire général chargé des affaires étrangères pour la zone anglophone. Pour mémoire, c'est Kakudji qui s'occupait de l'aire francophone. Ce dernier ne faisait pas partie de ce voyage-ci.

Nous irons en Afrique du Sud par le jet de Nelson Mandela. La rencontre était censée être secrète. Pourtant, dès notre arrivée, nous serons assaillis par la presse internationale. La rencontre devait préparer celle d'Outenika avec Mobutu. Ce sera une suite de malentendus. En fait, chacun avait son agenda. Mzee demandait de l'aide militaire à Mandela pour chasser Mobutu. Mandela, lui, voulait mettre en place les conditions de la négociation entre Kabila et Mobutu. La rencontre sera un échec. C'était une rencontre pour la presse. A mon avis, la rencontre avait plutôt profité à Mandela, du point de vue de son image médiatique. Déçus, nous rentrons à Goma. Depuis, les services de Mandela feront des navettes entre nous et Pretoria.

Mais la suite est trop connue pour que j'y revienne ici : ni l'action des Occidentaux pour sauver Mobutu, ni la rencontre d'Outenika organisée par Pretoria à Pointe noire, ni les derniers barouds d'honneur des FAZ (batailles de Kenge, notamment) ne nous empêcheraient d'atteindre Kinshasa.

Selon la formule de l'écrivain français Emile Zola, « la liberté était en marche, rien ne pouvait l'arrêter »... Mobutu lui-même avait l'habitude de débiter : « Mûr ou pas mûr, devant l'ouragan de l'Histoire, le fruit tombe... ». Pour une fois, je serais d'accord avec le dictateur...

Des défis à relever

La marche douloureuse, laborieuse, commencée un jour d'octobre 1996, quelque part dans les montagnes du Kivu, s'achevait, à Kinshasa, en liesse, le 17 mai 1997. Avant l'action de Mzee, qui pouvait imaginer que le régime Mobutu pouvait tomber en quelques mois ? Qui pouvait croire que seule la détermination allait venir à bout d'un régime présenté par les médias nationaux et internationaux comme inébranlable ?

Le 16 mai 1997, la veille de notre arrivée à Kinshasa, le dictateur s'était enfui. Comme partout, les populations kinoises nous attendaient les bras ouverts. Les FAZ avaient abandonné armes et matériels. Les soldats belges et français qui stationnaient à Brazzaville, pour une mission ambiguë, ont dû abandonner leurs objectifs. Les soldats de la DSP prendront des chemins divers : Congo-Brazzaville, Angola...

L'entrée de nos « kadogos » se fera sans encombre. Contrairement aux bains de sang que tout le monde promettait, il n'y aura que très peu de morts, pas de carnage. La sécurisation de la ville était assurée.

La mort du Général Mahele Liyeko, assassiné lâchement par les soldats de la DSp proches de Mobutu Kongulu, allait refroidir la grande fête. Quand l'AFDL fait son entrée à Kinshasa, je ne suis pas là. J'étais à Mbandaka, depuis quelques jours, pour sécuriser les populations. A mon arrivée, je serais reçu directement par Laurent-Désiré Kabila, devenu « Président de la République ». Autour de lui, tous les ministrables.

C'était la première fois que nous nous retrouvions tous ensemble, au même endroit. Dans l'actuelle résidence officielle du Chef de l'Etat Joseph Kabila. C'était étrange comme sensation. Je faisais également connaissance avec toutes les figures de la politique congolaise, des politiciens classiques issus de la société civile: Sondji, Bandoma, Kinkela, etc.

Mzee m'appela à côté, d'un air plutôt sérieux, il me lance :

- « Mon ami, voici ce que je te donne comme mission en tant que ministre de l'intérieur... »

Au fond, la nouvelle ne m'avait pas surpris. Depuis plusieurs mois, il m'avait confié des missions tellement importantes, il m'avait fait tellement confiance. J'avais sillonné le pays, pour le mouvement, pris d'énormes risques personnels. J'avais le sentiment, en fait, que je connaissais le Congo comme ma main. Je passerais ma première nuit à l'Hôtel Intercontinental, l'actuel Grand Hôtel de Kinshasa, avant de trouver ma propre maison.

La composition du gouvernement sera connue le même 19 mai, au soir... L'ouvrage qui nous attendait était considérable. Au lieu d'être heureux de cette promotion, un sentiment de gravité m'envahissait. Ma tâche au ministère de l'Intérieur était immense. Il fallait formaliser toute l'administration que nous avions mise en place pendant la campagne militaire. Il fallait non seulement former les hommes, mais créer toute la police parce qu'il n'y avait pas la tradition de la gendarmerie, ni celle de la police. J'ai fait appel aux experts, parmi lesquels le professeur Kaumba Lufunda, criminologue de renom, actuel recteur de l'université de Lubumbashi.

La capitale était à l'époque une ville dangereuse. Des armes y foisonnaient. Il fallait organiser les ramassages des armes dans la ville. La population a joué le jeu. C'était impressionnant de voir les montagnes d'armes collectées. Il fallait stabiliser l'administration de Kinshasa, remplacer tous « commissaires de zone » issus du système de parti unique. Il fallait donner de l'autorité aux directeurs de provinces, sécuriser, psychologiquement, les chefs coutumiers pour qu'ils continuent de nous aider. Surtout dans les zones où nous n'avions pas fait des campagnes militaires comme dans le Bas-congo.

La question de la réintégration des anciens éléments des FAZ était transversale : elle concernait aussi bien le ministère de la Défense que celui des Affaires étrangères. Quand, j'étais au ministère de l'Intérieur, je ne traitais pas spécialement de cette affaire. Je dus m'en occuper parfois dans la mesure où elle avait des implications sur la sécurité intérieure. Dans ces conditions, j'ai dû faciliter le retour de plusieurs anciens FAZ qui s'étaient réfugiés en RCA dans la contrée de Buka. Il y avait aussi le défi de vivre avec des officiers rwandais qui se sont retrouvés à Kinshasa. Nombreux d'entre eux se sont malheureusement lancés dans les abus de la population : occupation des maisons des anciens dignitaires mobutistes, confiscations des biens, la jouissance excessive dans les lieux publics, etc.

Une guerre venue de l'autre rive

Un autre événement lourd nous prendra de court : la sanglante guerre qui allait éclater en République du Congo (Brazzaville). Notre pays ressentira durement les répercussions de ce conflit. Pour comprendre la guerre du Congo Brazzaville, il faut remettre les faits dans leur contexte. Pour mémoire, le lecteur doit savoir que, à l'instar de tous les pays de l'Afrique noire, la République du Congo est confrontée à la vague des mouvements revendiquant la démocratie, au début des années 1990. Le pays qui s'appelait « République populaire du Congo» est alors dirigé selon la doctrine « marxiste-léniniste » par le Président Denis Sassou Nguesso.

Mais l'instauration du pluralisme connaîtra diverses péripéties, au travers d'une « conférence nationale » très animée et courte, présidée par Monseigneur Ernest Kombo, évêque d'Owando. A l'issue de la conférence, trois organes sont mis en place pour gérer la transition : la présidence de la République, assurée par Denis Sassou Nguesso qui reste à son poste mais se voit retirer certaines de ses prérogatives, le gouvernement de transition avec à sa tête le Premier ministre André Milongo, ancien administrateur à la Banque Mondiale, le Conseil supérieur de la République (CSR) (sorte de parlement de transition), présidé par Mgr Kombo.

Mais cette transition sera vite marquée par de nombreux conflits : affrontement, en septembre 1991, entre le gouvernement et la Confédération syndicale congolaise qui s'oppose au plan de restructuration des entreprises et de la fonction publique ; tentatives de coups d'Etat, contre André Milongo lors de son voyage aux Etats-Unis en décembre 1991 et contre Denis Sassou Nguesso, en janvier 1992 ; relations conflictuelles entre le gouvernement et les groupes pétroliers Elf et Agip...

Le 15 mars 1992, un référendum a lieu, aboutissant à l'adoption de la Constitution de la quatrième République. Les mois d'avril et de mai sont marqués par de nombreuses grèves et un conflit entre le gouvernement et le CSR. De mai à juillet 1992, les élections (municipales, législatives, sénatoriales) confirment l'effondrement de l'ancien parti unique de Sassou au profit de nouveaux partis, notamment le Mouvement congolais pour la démocratie et le développement intégral (MCDDI) de Bernard Kolélas et l'Union panafricaine pour la démocratie sociale (UPADS) de Pascal Lissouba. Au mois d'août 1992, Pascal Lissouba est élu Président de la République.

Mais le mandat de Lissouba sera marqué par de nombreuses crises : renversement du gouvernement Bongo-Nouarra, dissolution de l'Assemblée nationale, émeutes et annulation des élections, reprise des affrontements armés entre milices...

Le retour de Denis Sassou Nguesso à Brazzaville en janvier 1997 dans la perspective de la présidentielle de juillet ne calme pas la situation : des affrontements se multiplient entre ses milices « Cobras », les « Ninjas » de Bernard Kolélas, maire de Brazzaville et les « Zoulous » et « Cocoyes » du Président Lissouba. La guerre civile devient générale à partir du 5 juin 1997 lorsque la résidence de Sassou Nguesso est attaquée. Après quatre mois et demi de guerre civile, les forces fidèles à Sassou prennent le contrôle de la situation.

Cette guerre complexe, venue de l'autre rive, va nous prendre de court. Nous avions nous-mêmes de sérieux problèmes à gérer. Nous venions de prendre le pouvoir un mois plutôt. Si nous ignorions certains aspects internes de ce conflit, nous savions que les ex-FAZ y participaient activement.

Dans l'affaire, le Président Lissouba jouera un rôle opaque, malsain et cynique. Il faut commencer par rappeler que l'homme était avec nous à Outenika. En fait, c'est lui qui a conduit Mobutu sur le bateau. Pascal Lissouba était parmi les gens qui n'étaient pas d'accord avec nous. Durant tout le temps qu'avait duré l'épisode Outenika, aucune fois, il n'avait adressé la parole à Mzee. Pourtant, il ne s'empêchait de montrer aux caméras du monde entier des signes d'affection pour Mobutu. Il le soutenait amicalement, venait vers lui s'enquérir du moindre besoin...

Quand la guerre de l'autre Congo éclate en plein Brazzaville, le 5 juin 1997, Mzee confiera la gestion de ce conflit à Kazadi Nyembo, alors patron des services de sécurité. Celui-ci entreprit de rencontrer chacune de deux parties belligérantes. Kazadi éprouvait de la sympathie pour Sassou et l'a même amené nuitamment de Brazzaville à Kinshasa, par Maluku, pour le faire rencontrer Mzee pendant que la guerre battait son plein. Mais Pascal Lissouba s'agitait. Très vite, il nous enverra Kolelas, alors premier ministre, avec l'objectif de nous demander de l'aide militaire. Comme nous hésitions, voulant d'abord comprendre les tenants et les aboutissants de ce conflit complexe, Pascal Lissouba cherchera à nous forcer la main. Il appliquera une stratégie diabolique. Acculé par les milices de Sassou, il va se mettre à lancer des bombes sur Kinshasa ! En fait, l'objectif de Lissouba est de nous entraîner dans la guerre en faisant porter à Sassou les victimes...

Et il eut 37 morts, à Kinshasa... Une délégation de Lissouba conduite par Kolelas assistera même aux funérailles, au Palais du Peuple, l'air sincèrement désolé alors qu'il savait que les tirs étaient effectués par les milices dépendant de lui et de Lissouba ! Quel cynisme...

Je me rappelle d'une séance de travail avec Kolelas, lors de sa visite aux obsèques. Mzee était à Lusaka pour sa première visite officielle en Zambie. En pleine réunion, nous sommes interrompus par des grondements des canons qui tombaient vers la ville de Kinshasa. Les yeux dans les yeux, je demande à Kolelas :

- « Ces tirs sur Kinshasa en provenance de votre pays, qui les effectue ? »

Sans sourciller, le vieux politicien me répond :

- « Ces tirs sur Kinshasa ? Mais, c'est Sassou, évidemment... »

J'ai trouvé cette réponse d'un cynisme... J'ai dû l'interrompre :

- « Non, monsieur, ce n'est pas Sassou... Il n'a pas toutes ces armes ».

Devant moi, j'ai demandé à l'armée de riposter la même nuit. Joseph Kabila était alors Général des forces terrestres. L'ordre fut exécuté ; de manière étrange,

Brazzaville « s'est tu », cette nuit-là... Comme dans ses habitudes lorsqu'il y a une situation d'urgence, Mzee rentra la même nuit, laissant toute sa délégation derrière lui. En somme, Lissouba nous sous-estimait complètement. Il devait penser que nos services de renseignement militaires étaient incapables de déterminer l'origine des bombes lancées depuis Brazzaville. Le personnage était têtu : il prendra même le risque de venir, à Kinshasa, en personne. Une dame l'accompagnait : Claudine Munari. Elle dirigeait le cabinet de Lissouba, et semblait très proche de lui puisque, sans se cacher, ils se comportaient comme des vrais amants : ils s'embrassaient en public, s'échangeaient des petits gestes de tendresse...

Pascal Lissouba est donc à Kinshasa. Il veut des armes pour contrer l'avancée des troupes de Sassou. En tant que ministre de l'Intérieur, je participe à la réunion autour de Mzee. Au Palais de la Nation. Mzee est de mauvaise humeur. D'un geste large du bras, il pointe des canons stationnés de l'autre côté du fleuve, des canons braqués sur Kinshasa. Mzee était dans un de ces mauvais jours. Il grondait :

- « Mais tous ces canons pointés vers Kinshasa, ils appartiennent à quel camp ? C'est à qui ? A toi ? A Sassou ? »

Pascal Lissouba persistait :

- « Ce sont les positions de Sassou, pas les miennes... »

Alors que nous tous savions que l'Est de Brazzaville était à Sassou et l'Ouest à Lissouba. Et les cannons visibles étaient à l'Ouest. Il niait tout en bloc, devant Mzee. La réunion s'est achevée sur ce malentendu, en queue de poisson. Malgré cela, plus tard, Claudine

Munari demandera à me voir de toute urgence. Courtoisie oblige, je me rendis, à hôtel. Tout de go, elle me tendit un document :

- « Tenez, monsieur le ministre, voici la liste des armes dont nous avons besoin ! Si vous pouvez nous donner ces armes, on vous donne tout l'argent que vous voulez ».

J'irais montrer la liste à Mzee. Il n'était pas d'accord. Furieux, il les traitera de « bandits ». Je devrais après dire à madame Munari que nous ne disposions pas de ce genre d'armes. Devant notre refus, Lissouba décida d'aller en Ouganda, à partir de Kinshasa. Munari est restée avec nous à l'hôtel. Rentré bredouille d'Ouganda, Lissouba repartira vers Brazzaville. Deux jours après, c'était la fin de son gouvernement.

Les Tutsi du Congo dans l'APR

Un incident me fera partir du ministère de l'Intérieur. Il y avait, comme souvent, des problèmes de sécurité à Goma. Il faut d'abord savoir que les Tutsis du Congo qui étaient dans l'armée rwandaise sont revenus dans notre pays, qui est donc le leur, avec l'avènement de l'AFDL. Pour mémoire, sous le régime Mobutu, quand on avait chassé les Rwandais, et, avec eux, des Congolais d'originaire Tutsi, des familles entières s'étaient réfugiées au Rwanda ou dans des camps des réfugiés. Beaucoup de ces personnes étaient des Congolais, évidemment, même si certains de ces jeunes avaient servi comme soldats dans l'armée rwandaise.

Quand l'AFDL est arrivée à Kinshasa, ces jeunes Tutsi se sont mis à se rebeller contre l'armée rwandaise, réclamant le retour de leurs parents au Nord-Kivu, leur terre natale. Mais Kigali avait d'autres plans : les Rwandais voulaient à tout prix garder les jeunes Tutsi congolais dans l'armée rwandaise. Et pour ce faire, Kigali avait carrément pris en otages les parents de ces soldats congolais d'origine Tutsi. Le Rwandais James Kabarebe donnera une version complètement erronée à Mzee en lui affirmant qu'il y avait des militaires rwandais qui déménageaient vers le Congo, précisément vers Goma, alors que Kagame souhaitait les voir rapatriés au Rwanda. En ce moment-là, ni Mzee ni moi-même, ne soupçonnaient qu'il s'agissait d'une nouvelle manipulation rwandaise.

Pour vérifier les faits, Mzee me confiera une mission d'information à l'Est. James Kabarebe fera partie du voyage. Je suis arrivé là-bas, et l'ancien gouverneur qui était Tutsi du Congo, Kanyamuhanga, - mon ancien professeur – me dira :

- « Voilà, monsieur le ministre, ces enfants sont les enfants d'ici ; ce sont des Congolais. Mais James affirme que ce sont des militaires enregistrés au Rwanda... Pour lui, ils sont rwandais parce qu'ils ont déjà combattu pour le Rwanda ».

Pour couper court à tout cela, Mzee me demandera d'amener ces Tutsi à Kinshasa. Mais arrivés dans la capitale, ces Tutsi ne purent être reçus : Mzee étant alors très occupé.

Des jours s'écoulaient, et l'agenda du Président ne lui permettait toujours pas de recevoir cette délégation. Des problèmes logistiques s'accumulant, je me suis retrouvé dans l'obligation de demander à ces gens de rentrer chez eux, au Nord-Kivu ! James profitera de l'incident pour aller m'accuser chez Mzee, en affirmant que j'avais renvoyé ces gens au Nord-Kivu, alors que la question demeurait en suspens ! Furieux, Mzee me le reprochera durement. Quelques jours plus tard, Mzee me fera quitter le ministère de l'Intérieur pour celui de la Justice, où d'autres défis m'attendaient.

L'affaire de 315 magistrats

J'arrive donc à la tête du ministère de la Justice à la suite de l'incident évoqué précédemment. En arrivant à la Justice, Mzee définira ma tâche dans une phrase laconique :

- « Il faut que le simple citoyen se retrouve dans la justice de son pays... »

Cette idée peut paraître banale, évidente. Pourtant, dans notre pays, cela relevait d'une vraie gageure. Nous vivions dans un Etat où les citoyens avaient cessé de croire en la justice de leur pays. Ce livre n'est certainement pas le lieu de rendre compte de mon travail journalier au ministère de la justice.

Je veux plutôt m'appesantir sur un épisode qui a retenu l'attention de l'opinion publique, une affaire qui a fait couler beaucoup d'encre. Il s'agit de l'affaire de 315 magistrats.

Tout commence par une ordonnance signée par la présidence de la République. Dans cette ordonnance, publiée le 6 novembre 1998, le président de la République « révoque 315 magistrats civils et militaires ». La décision s'appuie sur des rapports de différentes commissions constituées par le ministre de la Justice qui ont parcouru tout le pays. Il ressortait de ces rapports que certains magistrats étaient soit d'une moralité douteuse, soit déserteurs ou affichent une incompétence notoire, comportement contraire à leur état, à l'honneur et à la dignité de leurs fonctions ». Considérant que les comportements incriminés ont discrédité la magistrature, et terni l'image de la justice et paralysé le fonctionnement de celle-ci, l'ordonnance révoquait 315 magistrats. Et je fais engager, sur concours, 400 nouvelles unités pour remplacer les révoqués. Pour moi, c'était la meilleure façon de réhabiliter la justice. Mais « l'affaire de 315 magistrats » allait très vite se politiser, prenant des proportions insoupçonnables. Elle allait devenir la polémique politique dans le pays, alors que ces magistrats ont été révoqués à la suite de divers rapports. Je ne les connaissais même pas. Et la fin de l'histoire est connue : ce n'est pas la population qui a défendu ces magistrats. Ils ont été reconduits à la suite de l'Accord de Sun City.

Des alliés encombrants

Nous avions trouvé un pays en lambeaux. En un an de travail, Mzee avait réussi à poser les bases d'un nouveau départ. Mais le moins que l'on puisse dire est que nous avions des alliés encombrants et incohérents. Les Rwandais et les Ougandais avaient sous-estimé Laurent-Désiré Kabila. Ils pensaient qu'ils allaient instrumentaliser le vieux rebelle, l'utiliser comme un marchepied pour leurs ambitions malsaines sur notre territoire. C'était vraiment ne pas connaître celui qui a résisté à Mobutu, toutes ces longues années...

L'attitude arrogante de nos alliés rwandais irritait de plus en plus les populations congolaises. Il fallait régler la question de leur départ de notre pays. Or, pour des raisons diverses, ils s'accrochaient. D'une part, les soldats rwandais et ougandais continuaient à mener sur notre territoire des promenades punitives et meurtrières contre les réfugiés hutus, sur notre territoire. Ils opéraient également dans le domaine économique en organisant des pillages de nos richesses. Cela ne pouvait continuer.

A ce propos, l'attitude de Laurent-Désiré Kabila relevait à la fois d'un pragmatisme et d'une forme d'humanisme. En bon politique, en bon stratégique, il savait mesurer les rapports de force. Arrivés à Kinshasa, nous ne pouvions pas tout de suite « chasser » nos alliés, d'autant plus que notre propre armée était à reconstituer. Pour nous, nos alliés pouvaient même nous aider à réorganiser nos troupes militaires. C'est dans ce contexte que James Kabarebe fut nommé Chef d'Etat Major. C'était donc une question de temps. Il n'y avait aucun complexe à se faire sur la question. Qui, même dans la classe politique actuelle, peut prétendre connaître l'histoire militaire africaine mieux que Mzee ? Il savait qu'aucun mouvement politique ne pouvait renverser un régime comme celui de Mobutu sans appuis à l'Est. Nos alliés – Kagame et Museveni – ont bénéficié des aides des autres pays pour arriver au pouvoir.

Finalement, au mois de juillet 1998, nous avions décidé de renvoyer tous les militaires rwandais chez eux. Paradoxalement, ils ne voulaient pas partir. Des mutineries allaient s'organiser aux camps Tshatshi et Kokolo, au début du mois d'août. Repoussés, les mutins allaient s'enfuir dans le Bas-Congo. Curieusement, certains politiques que nous prenions pour nos compatriotes allaient rejoindre le mouvement en quittant le pays dans la plus grande précipitation. Des alliances contre-nature allaient se former.

Des anciens mobutistes allaient tomber dans le piège de Kagame en rejoignant Goma, capitale de la nouvelle rébellion. Début août, les masques vont tomber. Kigali va prêter main-forte aux rebelles sans se cacher, en transportant la guerre à la base militaire de Kitona.

Il faudra des livres pour décrire la résistance historique que nous avions, autour de Kabila, organisée pour repousser les rebelles du RCD... Il faudra des livres pour évaluer tout le mal que cette guerre provoquée par les Rwandais et les Ougandais avec la complicité flagrante de nos compatriotes a fait dans l'histoire de notre pays. Car ce conflit a causé la mort de millions de nos frères congolais. Ce conflit a permis aux Ougandais et aux Rwandais d'exploiter de manière délibérée et éhontée les ressources de notre pays sous l'œil complice du RCD. C'est là une responsabilité historique grave.

En route, pour renverser la dictature mobutiste

Mars 1997, meeting devant le public de Kindu. En arrière-plan, à gauche, Moïse Nyarugabo, alors secrétaire particulier de Mzee.

Mzee, toujours convivial, paternel et simple, avec tous les militaires :
à droite, Rachidi Kasereka Minzele, le garde du corps qui a tiré sur le Président le mardi 16 janvier 2001.

Kinshasa, 1998, je conduis le Président Lissouba (Congo-Brazzaville) vers Mzee : nous sommes en pleine crise survenue à la suite de la guerre de Brazzaville.

Kinshasa, 1999, avec Mzee et le Président zambien, M. Ciluba.

Images de la politique internationale

Palestine, 1998, avec Yasser Arafat :
prendre conseil auprès du vieux sage...

Pretoria, Afrique du Sud, 2001, avec Nelson Mandela

Le Rwanda, l'Ouganda et le Burundi agressent notre pays (août 1998) sous le masque de la rébellion RCD

En tenue militaire :
Toujours prêt à défendre le territoire national...

Conférence de presse au Grand Hôtel : à ma droite, Didier Mumengi, alors ministre à l'Information et à la Presse. Mission : expliquer à l'opinion les vrais enjeux de la guerre.

Proche de la famille Kabila

Ici, en visite officielle à Pretoria, en 2001, avec le Président Joseph Kabila.

Avec Mzee

Troisième partie :
Laurent-Désiré Kabila dans le texte

Les élections, et après ?

Notre pays a connu des élections. Mais l'installation de nouvelles institutions dans notre pays s'effectue de manière plutôt douloureuse. Notre pays demeure un géant malade au cœur de la recomposition géostratégique, politique et économique de l'Afrique centrale. Et pour cause : l'avènement de la *Troisième République* dans notre pays intervient après un processus de transition sanglant et sinueux, duquel le pays n'est pas sorti indemne : tous les secteurs de la vie nationale (économie, éducation, santé publique, défense nationale, etc.) sont à ce jour en pleine déliquescence.

Dans ce contexte de crise, je pense qu'il est utile que le peuple se tourne vers Mzee. Je veux dire vers la pensée de Mzee. Je considère en effet qu'il est opportun de donner à voir toute la richesse de la pensée de Mzee pour éclairer le débat national actuel.

Je continue de croire, avec bien d'autres, heureusement, que dans l'histoire politique nationale, Mzee demeure avec Lumumba, son modèle politique, l'une des rares références pour l'avenir de notre pays.

Mais comment présenter cette pensée de manière claire et simple afin d'éviter de verser dans l'élitisme : Kabila lui-même était soucieux de rendre sa réflexion la plus limpide et populaire possible.

Mzee n'a pas seulement exposé ses idées lors des meetings et adresses publics, qui furent nombreux dans sa vie mouvementée d'éternel opposant politique au régime de Mobutu.

La pensée de Mzee a été également formalisée sur des supports écrits. Outre divers commentaires que nous faisons le long du livre sur les idées de M'zee, ici, nous allons les exposer de manière plus méthodique et thématique au travers des textes existants, que nous livrons à la postérité.

Critique systématique du régime mobutiste

Le premier texte à verser dans le dossier de l'Histoire est sans nul doute celui qu'il produit à l'occasion d'une session des cours d'été de l'Université de Madrid, en juillet 1992, au titre de Président du Parti de la Révolution Populaire (PRP). Nous sommes en 1992. Comme nous le rappelions plus haut, le contexte politique est alors marqué par deux contingences, l'une d'essence internationale (chute du mur de Berlin, affaiblissement et démantèlement des dictatures à travers le monde, etc.), l'autre d'essence nationale (montée des contestations populaires, paupérisation accrue des populations, cristallisation autour de l'idée de la conférence nationale comme seul cadre de gestion de la transition).

C'est dans ce contexte là que Laurent-Désiré Kabila se retrouve parmi les invités d'une session des cours d'été de l'Université de Madrid. Nous sommes en juillet 1992. Il est « Président du PRP ».

Laurent-Désiré Kabila commença son exposé à cette session de Madrid par rappeler brièvement l'histoire politique de notre pays.

Après cet aperçu historique, il présenta son modèle d'organisation de la société congolaise, en partant d'une question obsédante chez lui : « quelles sont les possibilités d'une réelle démocratisation du Congo ?». Avant de répondre à la question, il commença par établir un état des lieux de la « banqueroute économique » du Zaïre, causée par l'enrichissement scandaleux de Mobutu et de ses acolytes. Il évoque « la documentation abondante » à ce sujet. Il critique le fait que le régime repose sur les effectifs d'une garde prétorienne (la DSP) surpayée dont le sort est lié à celui du dictateur, alors que le reste de l'armée est mis en suspicion. Mais, contrairement à une certaine opinion, Kabila n'était pas un radical. Il n'était pas un politique qui ne voyait que la solution militaire pour faire partir Mobutu. En somme, la solution militaire s'est imposée à lui comme la seule alternative. Aussi, lors de cette conférence de Madrid, il dit sa déception, car il espérait que la Conférence nationale souveraine, à l'instar de celle de Bénin et du Congo Brazzaville, allait rapidement et de manière satisfaisante engager le pays dans un vrai processus de changement, une rupture démocratique.

Mais, comme l'opinion tant nationale qu'internationale peut témoigner, la Conférence nationale Souveraine, « tantôt réunie, tantôt paralysée », s'est perdue dans des « palabres prolongées sans oser établir les préalables qui seuls pourraient assurer au peuple congolais le début d'un changement : départ du dictateur, dissolution des unités de répression, libération des prisonniers politiques, etc. ».

Or, constatait Kabila, le peuple voyait bien qu'il ne pouvait plus rien attendre de la « CNS ». Ces raisons justifiaient l'absence de Kabila à cette « conférence entièrement cooptée par Mobutu ». La conclusion de Kabila était simple : « seul le grondement du soulèvement populaire » pouvait obliger Mobutu à changer de comportement. Pensée prémonitoire, puisque la suite des événements lui donnera raison.

Pour la tenue d'une « vraie conférence nationale » au Congo-Zaïre, il fallait, selon Kabila, un certain nombre de préalables : la formation d'un gouvernement provisoire chargé d'assurer le départ de Mobutu et de convoquer une conférence nationale souveraine ; la libération immédiate de tous les prisonniers politiques et dissolution des unités de la sûreté mobutiste ; la formation d'une véritable armée nationale avec intégration à celle-ci des combattants du PRP ; le blocage des avoirs à l'étranger des citoyens congolais avec recherche ensuite des responsabilités financières ; l'élucidation des responsabilités des crimes politiques commis depuis la liquidation physique de Lumumba et de ses compagnons, jusqu'aux massacres de mai 1990 des étudiants à Lubumbashi, ainsi que des chrétiens de Kinshasa en février 1992.

Cette position de principe est suivie, en décembre 1993, par une « lettre ouverte [...] à Joseph-Désiré Mobutu ». La lettre porte une date : 6 décembre 1993. Coïncidence symbolique : la date de la lettre correspond avec le 26ème anniversaire de la fondation du Parti de la Révolution Populaire. Quand on lit ce texte mal connu du public, on retrouve le Kabila littéraire, on retrouve le rebelle cultivé, amoureux de belles tournures des mots. Le texte qui suit est en effet habité par un lyrisme qui trahit le grand tribun qu'il fut... Le texte est une nouvelle charge contre le régime mobutiste. En substance, Kabila pense que, en 1993, il est impossible de sortir de « la crise actuelle du sommet, transmutée en crise de redémocratisation », où le pays est sans Constitution, sans gouvernement constitutionnel, sans Parlement constitutif, sans corps judiciaire indépendant.

Il constate, avec amertume, qu'un homme (Mobutu) règne inconstitutionnellement, se place au-dessus des lois et tient captif le peuple congolais. Aucun des deux gouvernements de fait n'a le monopole de l'administration du pays ; ce qui laisse une porte ouverte à un troisième. L'on vit un phénomène particulier au Congo où tout végète, l'anarchie est certaine : la vie nationale patauge dans les méandres de l'irresponsabilité illimitée. Or, les auteurs de cette contraignante réalité appelée « Deuxième république » ne pensent pas à abdiquer, refusent de s'effacer de la scène politique où toutes les prouesses ont été consommées.

La CNS a été piegiée pour avoir été cooptée par le régime en place et fut ainsi prédisposée au diktat de ce dernier, aux influences de l'environnement hostile. Elle cessa donc d'être souveraine et tenta de se noyer dans la complaisance avec certains désirs du régime hôte. Pour ce faire, la Conférence nationale qui avait pour tâche de mettre un terme à la « Deuxième république » se contenta de rallonger le mandat de l'ancien Président de la République, de désigner les institutions de transition, toutes dominées par les acteurs vedettes de la « Deuxième république », comme l'aurait fait tout congres du MPR, « parti unique scindé en schisme ».

Les cadres de l'ancien parti-Etat, chargés par la Conférence de faire fonctionner ces institutions de transition, étant arrivés à leur phase finale d'assèchement d'imagination, s'épuisent dans des règlements de compte dont personne n'accepte de payer les frais, engendrant par cela la permanence de la carence du pouvoir et de l'Etat.

Pour Laurent-Désiré Kabila, toute la parodie de passage de la Deuxième république à la Troisième devient caduque étant donné que la classe politique de la Deuxième République, celle des cadres dirigeants du MPR, celle qui a fait le malheur du pays, se prépare toute à transiter, ainsi que tous ses acquis sociaux, politiques, économiques, culturels, individuels, dans la Troisième république et ce, avec la détermination d'y rejouer le rôle prépondérant.

Une telle escroquerie politique à l'égard du peuple est, soutient-il, en difficulté de réalisation uniquement à cause des dissensions irréconciliables de cette classe éclatée du MPR qui, fort heureusement pour ce peuple, est loin de se mettre d'accord sur des leaders et des objectifs. Les communautés tant nationales qu'internationales ne sont pas dupes des manœuvres de ces politiciens louches dont elles sont prévenues de l'incapacité congéniale. Classe véreuse et surannée, elle n'a réellement comme programme de reconstruction ou de redressement que « des mots ronflants, illusoires, obnubilant les cartes déjà jouées de programme de destruction monumentale de la Nation ».

La communauté mondiale est par conséquent avisée qu'il y a, de la part des mobutistes anciens et nouveaux partisans de statu quo, l'unique résolution injustifiable de s'accrocher au pouvoir parce que source d'enrichissement personnel et de pillage de ressources nationales dans l'impunité. La communauté mondiale devait être consciente que toute entente entre ces vieux compères est simple continuité du mobutisme, ce mal suprême rongeant l'ex-Etat indépendant du Congo, et le plaçant au rang des plus infortunés des pays d'Afrique, malgré ses richesses fabuleuses. A cause de cette impasse justement, le Parti de la Révolution Populaire reste disponible pour faire partager aux autres sa clé de solution du mystère de l'impasse dans l'unique souci de tirer tout le monde du marécage. Ce plan consiste à permettre le passage paisible du pays vers la démocratie, garantir la sécurité de ceux qui sont prisonniers du pouvoir en même temps que celle de ceux qui sont atterrés par la phobie de représailles, ainsi qu'au peuple de retrouver ses droits fondamentaux longtemps aliénés.

En imprégnant la vie politique de la spécificité d'une pensée évoluée à l'écart des us et coutumes démantibulés de la Deuxième république, Kabila dit « mettre en effervescence les tabous et provoquer d'inhabituels mouvements d'immenses intérêts qui feront barrage ». Pour lui, tant qu'il n'y aura pas d'autre voie pour que le peuple gouverne sur son sol en toute exclusivité, en toute suprématie, pour qu'un Etat moderne puisse prendre la place de l'archaïque croulant, nous devons rester fidèles aux aspirations légitimes de celui-ci.

Pour une économie sociale du marché

Les lignes qui précèdent donnent à voir une pensée marquée par la lutte contre le régime de Mobutu. Elles montrent à quel point Mzee, qui est, comme chacun le sait, l'un des rarissimes opposants que Mobutu n'a pas réussi à corrompre, avait compris le fonctionnement du système malsain instauré dès 1965 par le dictateur.

Le texte qui suit est produit dans un autre contexte historique. Nous sommes maintenant en janvier 1997. Depuis quelques mois, les troupes de l'AFDL progressent vers Kinshasa. Laurent-Désiré Kabila prend conscience très vite que le mouvement qu'il conduisait était on ne peut plus hétéroclite, dans sa composition, sans cohérence idéologique claire. Ancien marxiste, homme d'analyse et de synthèse, il pensait que toute rébellion, pour être cohérente, devait être soutenue par un corpus d'idées claires, par un projet politique identifiable[1].

Aussi, pendant que nos troupes avançaient vers Kinshasa, Mzee entreprit de formaliser une doctrine, malgré les conditions particulières de la guerre. Sur son initiative, une synthèse sera produite en janvier 1997 sous le titre « Gouvernance et développement ». Elle pose en premier lieu un constat de la situation générale du pays, qui était alors chaotique. Le document pose ensuite quelques principes autour desquels l'action de

[1] Je me souviens que nous sommes allés en Tanzanie chercher, chez lui à la maison, une ancienne malle remplie d'écrits politiques sur la révolution muleliste.

l'AFDL allait s'articuler. Pour l'AFDL, le changement de régime au Congo impliquait deux grandes phases principales : la phase de « redémocratisation » (concept récurrent dans le discours de Mzee) et celle de la reconstruction et du développement.

Pour ce qui était du domaine politique, l'AFDL considérait que sa démarche politique procédait du processus d'indépendance interrompu en 1960 par la chute du premier gouvernement (lumumbiste) issu des premières élections démocratiques organisées dans notre pays. Depuis cette époque, aucune élection honnête n'avait été organisée pour investir le pouvoir d'une légitimité populaire. L'AFDL s'engageait à œuvrer pour établir au Congo des institutions caractérisées par un partage équilibré du pouvoir, entre les pôles législatif, exécutif, et judiciaire. Quant à l'éternel débat sur l'option fédéraliste ou unitariste, Kabila pensait qu'il fallait soumettre la question au verdict du peuple, même si chacun sait qu'il était plutôt pour l'unitarisme comme tout bon lumumbiste.

Dans le domaine économique, le document produit en ce début de l'année 1997, insiste sur une action politique visant à restituer aux Congolais la maîtrise de la production, de la distribution et de la consommation de leurs richesses du sol et du sous-sol sur la base d'une économie sociale du marché. Il fallait également réhabiliter l'infrastructure de communications routière, fluviale, lacustre et aérienne. Il fallait moderniser le réseau des télécommunications, créer et développer l'industrie locale en misant sur la production locale, développer une politique originale de développement rural, développer et soutenir le secteur formel, stimuler la prospection et l'exploitation des gisements des mines connus et à découvrir, amorcer la reconstruction nationale en se fondant sur le concept d'Etat disposant d'une monnaie, d'une comptabilité nationale, d'une politique des finances publiques, et opérer une réforme de la Banque centrale et des institutions connexes. Dans le domaine social, il fallait promouvoir la méritocratie, un système de santé primaire avec pour objectif « la santé pour tous ». Il fallait instaurer une politique de santé spécialisée à l'instar des autres grands pays du monde, remettre les Congolais au travail et payer enfin le salaire décent afin d'établir un pouvoir d'achat, promouvoir l'existence des structures syndicales indépendantes qui défendent réellement les travailleurs dans le secteur public et privé, réhabiliter l'enseignement public et revaloriser la fonction enseignante, assurer la formation continue des travailleurs, promouvoir la politique de l'habitat. Dans le domaine culturel, il fallait promouvoir les cultures régionales et locales dans toutes leurs diversités, promouvoir la culture des bâtisseurs, et développer l'amour du travail. Il fallait aussi revaloriser les valeurs culturelles et morales en vue de développer et de favoriser l'esprit de dignité et d'honnêteté. Tous ces principes seront une année plus tard reformulés, réactualisés, et présentés dans une nouvelle synthèse lors de la présentation de l'AFDL le 31 janvier 1997[1]. Nous sommes encore en pleine progression.

---

[1] Pour mémoire, le texte avait été lu par Gaëtan Kakudji, alors Commissaire général chargé des Affaires étrangères et de la Coopération.

De la nécessité de dépasser l'AFDL

Une fois au pouvoir, Mzee décida de créer des « Comités du Pouvoir Populaire », CPP en sigle. Certains analystes ont vu dans le projet une résurgence du parti unique, une tentative d'instauration d'un régime marxiste, communiste selon le modèle soviétique.

Mais il faut contextualiser les faits, pour une meilleure analyse. Pour cela, il faut se référer au discours de Mzee, lors de la présentation des CPP, pour saisir toute l'étendue historique d'une telle initiative. Pour Mzee, l'idée visait non un embrigadement de notre peuple comme sous le parti unique, mais au contraire un processus de démocratisation de la société congolaise[1].

Mzee était trop politique pour savoir qu'il n'était plus possible d'imposer à notre peuple, qui a tant lutté contre Mobutu, une nouvelle dictature selon le même procédé que celui du parti unique. Mzee était trop au fait du « sens de l'Histoire » pour savoir que restaurer, au Congo, un modèle de pensée unique était non seulement aberrant mais un contresens.

Pour comprendre l'initiative des CPP, il faut donc revenir au texte explicatif de Mzee. Très peu de ses contradicteurs l'ont lu, évidemment. Pour Mzee, la

---

[1] Laurent-Désiré Kabila, « Démocratiser la société congolaise à partir de la base », Discours du Président au Congrès des Comités du Pouvoir Populaire, le 21 avril 1999.

liquidation politique du néocolonialisme mobutiste fut une étape obligatoire qui a permis aux masses d'accéder à la tête des affaires publiques. Il s'avérait impératif de définir le mode d'exercice de ce pouvoir. Or, le peuple congolais n'avait pas l'habitude d'exercer le pouvoir, parce qu'on ne le lui avait jamais donné.

Mzee rappela que le 17 mai 1997, le pouvoir n'était pas dans la rue, il était au bout du fusil de ceux qui ont été ovationnés par les masses, sillonnant les rues et avenues de Kinshasa à la recherche des dernières forteresses du pouvoir mobutiste croulant. Le 17 mai, c'était l'assaut final qui sonna le glas d'un régime abominable qui saigna son peuple à blanc et le livra à la rapine étrangère. A aucun moment, il n'y eut de flottement dans la maîtrise des événements, malgré les fortes pressions extérieures destinées alors à obtenir le recyclage des agents qui servent l'étranger.

Pour Mzee, la révolution qui a conduit l'AFDL à chasser du pouvoir ceux qui ont pris le pays en otage avait une finalité. L'AFDL était un mouvement dirigé par des cadres révolutionnaires conscients qui avaient le souci de l'indépendance et de la souveraineté de notre pays, ainsi que du bien-être matériel de notre peuple. La finalité de la révolution était que le peuple gouverne souverainement sur son sol. Il était inscrit à l'ordre du jour qu'après la victoire de la révolution démocratique populaire du 17 mai 1997, l'AFDL devrait s'acquitter de cette tâche historique.

Mais, reconnaît Kabila, l'AFDL était loin d'être l'avant-garde du mouvement de libération de notre pays, à cause de sa composition. Il y avait des cadres révolutionnaires du Parti de la Révolution Populaire qui étaient les seuls dirigeants du mouvement révolutionnaire congolais. Ce parti avait la conception de la stratégie de la guerre populaire. Mais il devait composer tactiquement avec d'autres mouvements afin de mobiliser les énergies de ceux qui devaient soutenir la révolution pour permettre qu'elle s'arme davantage. En fait, l'AFDL était constituée de quatre mouvements politiques alliés, dont trois sans expérience révolutionnaire ni orientation idéologique, légitimés par l'extérieur. C'était un conglomérat d'opportunistes et d'aventuriers.

Mzee revint alors sur les conditions historiques de la constitution de l'AFDL : « La situation a été imposée à la direction révolutionnaire, comme condition sine qua non à la liberté de mouvement, à l'acquisition de matériel de guerre, au droit de passage. Admettre les Tutsi[1] prétendant être des réfugiés congolais était une des conditions essentielles pour que les Rwandais nous donnent le passage ». Une autre condition était d'englober dans la direction de la révolution « leurs espions ayant pour mission de surveiller les actes de la direction révolutionnaire[2] ». Il fallut, en même temps, « y inclure ceux qui étaient soutenus par l'Ouganda. Déjà pendant la période de guérilla active à l'Est, les mouvements soutenus par M. Museveni servaient à faciliter le pillage du café, de l'or, du bois et la fraude vers l'Ouganda[3] ».

---

[1] Allusion à Bugera et à son mouvement.

[2] Allusion à Masasu et à son mouvement.

[3] Allusion à Ngandu Kisase.

Mzee expliqua que, immédiatement après la victoire, beaucoup se sont embarqués sur le train déjà en marche. C'est pour cela que des continuateurs de la IIe République devaient être éjectés des instances dirigeantes du mouvement pour sauver la révolution démocratique. Il fallait rendre effectif le transfert du pouvoir au peuple victorieux et entreprendre sa conscientisation. Pour cela, il fallait l'organiser. Il est indispensable que le peuple soit capable d'identifier et ses vrais ennemis, et ses vrais intérêts.

Une dialectique simple s'imposait alors : « l'acte du transfert du pouvoir au peuple, c'est la disparition de l'AFDL en tant qu'organisation politique. En effet, si l'AFDL se transformait en parti politique, à quoi ressemblerait ce parti? Il ne pouvait être qu'un foyer de médiocrité et d'opportunisme. Vous avez vécu la course effrénée à l'enrichissement, à la rapine, aux pillages des biens d'autrui ».

Il fallait, selon Mzee, mettre fin à « l'aventurisme politique ». Il fallait rappeler « à ces messieurs » que « le pouvoir devait être remis au peuple ». Ces gens-là détenaient une portion de pouvoir par le biais des forces étrangères qu'ils ont accompagnées lors de la guerre de libération[1]. Il fallait empêcher les partis politiques qui étaient membres de l'Alliance des Forces Démocratiques de Libération d'accaparer le pouvoir pour faire la même chose que les hommes de la IIe République. Il a fallu absolument empêcher que le pouvoir devienne l'affaire d'un club d'amis, de gens qui se connaissent et qui se serviraient du pouvoir de l'Etat

[1] Allusion aux Tutsi de l'AFDL.

pour s'enrichir et réprimer les autres. L'une des obligations pour les dirigeants du mouvement révolutionnaire était de ne pas permettre à une quelconque clique de s'emparer du pouvoir de l'Etat.

Si l'on n'avait pas accompli ces tâches cruciales rapidement, « il y aurait eu un risque que le pouvoir retombe dans les mains des charlatans que vous connaissez, inféodés à l'étranger, et que vous avez renversés. Ces opportunistes et aventuriers se seraient injectés dans les organes dirigeants du pouvoir politique, pour remplir la même mission ».

Après cette critique forte et systématique de l'AFDL, Mzee posa la question de manière directe : « c'est quoi, le CPP? » Pour lui, « le Comité du Pouvoir Populaire est l'organe exécutif du pouvoir d'Etat qu'assume le peuple. Il s'agit de la matérialisation du concept universel: pouvoir du peuple, par le peuple, pour le peuple ». Selon lui, il fallait matérialiser ce concept qui a souvent été utilisé par des classes politiques dominantes pour tromper le peuple. La démarche des CPP allait dans le sens inverse, puisqu'il fallait réellement que le peuple exerce le pouvoir lui-même, il fallait que tout le peuple s'implique dans l'exercice du pouvoir, qu'il puisse le détenir et s'en servir pour ses propres intérêts, il fallait aller vers le peuple qui a le pouvoir, s'associer au peuple.

Les CPP devraient être « le peuple organisé en organes du pouvoir d'Etat populaire ». Ils devraient exercer directement la gestion de la chose publique à chaque échelon de l'Etat. Les CPP devaient tenir régulièrement des réunions de conscientisation des masses, comprendre qu'il faut être toujours plus près des masses. Nous devions être un peuple cohérent, discipliné, organisé, savoir où nous allons...

« Les CPP, d'après Kabila, ce n'est plus un pouvoir qui est délégué à une catégorie de gens, comme les députés, c'est un pouvoir qu'il faut assumer à partir de la base. Ce n'est pas un pouvoir par délégation, du genre: « Oh moi, je vous parle au nom du peuple ! ». Pourquoi le peuple ne parlerait-il pas lui-même? »

Dans le projet des CPP, il s'agissait de nous « assurer que le peuple tout entier s'implique et exerce un contrôle direct sur le pouvoir ». Ce projet permettait de nous mettre d'accord sur la question de savoir « comment, vous le peuple, vous devez assurer ce pouvoir qui est le vôtre ». C'est pourquoi, les CPP devaient être uniquement une émanation de la volonté des électeurs, de la volonté des habitants de la rue, du village, du quartier ou de la collectivité, et c'est par des votes qu'on élit un Comité exécutif.

Les CPP sont chargés de mettre en pratique les résolutions issues des délibérations des Assemblées du Pouvoir Populaire, organes constitutifs qui élisent les Comités du Pouvoir Populaire. Ce sont donc des Conseils, comme des Assemblées populaires des rues, des quartiers, des communes, des villages. La démarche actuelle vise la démocratisation globale de notre société. C'est une nouveauté.

Pour une démocratisation de la société

Les CPP étaient conçus comme une chaîne, de bas en haut, puisqu'ils s'intéressent directement à la vie nationale, ils s'occupent de l'ensemble des habitants de la rue, du village ou du territoire, et débattent, dans les Assemblées populaires, des problèmes les plus divers ainsi que des préoccupations quotidiennes, sociales, économiques, culturelles, politiques des citoyens.

Les CPP, en tant qu'organes exécutifs de l'Etat, sont assujettis à des obligations qu'ont ordinairement les gouvernements : gérer un budget pour le programme de reconstruction dans leur juridiction, et, en même temps, ils ont les obligations de la défense, de la sécurité, de la production.

En guise d'exemple, les étudiants membres des CPP, dans leurs Universités, dans leurs Instituts supérieurs, devaient faire leurs preuves en gérant des petits fonds, en établissant les priorités dans le cadre de leur vie. Certains réparent des installations abîmées, réhabilitent les réfectoires, les dortoirs, résolvent les problèmes de canalisation d'eau, du courant... Les CPP des villages, comme des rues, des communes, doivent faire de même. Tous doivent avoir un budget de reconstruction.

Tous les CPP doivent apprendre à gérer un budget, doivent identifier les priorités de reconstruction de leur juridiction. Si la priorité, c'est l'électrification ou la réparation des rues défoncées ou encore l'enseignement ou l'école à remettre à neuf, le CPP doit en débattre et doit trouver des solutions. Si les populations ont des problèmes alimentaires ou autres liés à la hausse des prix, leur Comité du Pouvoir Populaire peut participer à la solution en se lançant dans la production de vivres. Si elles doivent acquérir des concessions, si elles doivent obtenir des instructions pour développer une activité agricole, le gouvernement sera toujours à leurs côtés parce qu'un CPP est un organe du gouvernement à l'échelon le plus bas. Le gouvernement alloue un budget, le CPP identifie ses priorités, il produit, mais il paie aussi ses dettes...

La priorité pour Mzee, habitué à l'autogestion au sein de petits groupes, depuis ses retranchements de Fizi Baraka ou Hewa Bora, était que « notre peuple puisse se prendre en charge réellement ». Il est question que « les gens prennent l'initiative eux-mêmes », au lieu d'attendre tout du sommet. Par conséquent, « les CPP doivent être compris comme un gigantesque mouvement national patriotique. Ils soudent les hommes et les femmes du pays autour d'un idéal très noble. Nous entendons créer une nouvelle société, juste et prospère, à travers une stratégie: la mobilisation du peuple tout entier autour de la reconstruction nationale. Quand des millions de congolais seront embarqués sur le sentier de la production, de la reconstruction, nous allons résilier complètement le contrat avec la misère ».

L'objectif poursuivi par le système des Comités du Pouvoir Populaire ? Cet objectif est simple : que le Congo rattrape dans une période très courte le retard accumulé pendant plusieurs décennies dans tous les domaines. L'Etat doit être fort, le peuple doit avoir sa cohésion.

Dans le cadre de la reconstruction, les CPP ont l'obligation d'appliquer et de faire appliquer les décisions du gouvernement, les lois, ainsi que leurs propres décisions prises par les Conseils locaux, que nous appelons les Assemblées du Pouvoir Populaire.

Les CPP devaient encourager toutes les initiatives de développement des différentes associations de masse : ONG, syndicats, mutualités. Des questions demeuraient cependant : par exemple ; comment organiser le peuple, comment structurer le pouvoir conquis ? La question fit l'objet des assises du 1er Congrès de Kinshasa. Dans l'esprit de Mzee, c'est le peuple qui devait assumer le pouvoir d'Etat. C'est ce peuple qui devait garder jalousement sa conquête.

Questions : vous voulez créer une nouvelle société complètement soustraite des affres de l'exploitation ? Vous voulez créer la prospérité ? Il faut donc être à la hauteur de votre mission. Le pouvoir économique reste encore à décoloniser par la stratégie de la reconstruction.

Mzee était conscient que les CPP faisaient peur aux politiciens et à ceux qui les ont toujours utilisés pour piller le pays. Il fallait donc que les Congolais soient structurés, il fallait qu'ils soient conscients politiquement, car, par erreur d'appréciation d'une situation donnée, un peuple peut perdre le pouvoir. Les agents qui servent l'étranger tentent toujours de reconquérir le pouvoir perdu par des intrigues comme « la Table Ronde », « le gouvernement de large union nationale » ou « le gouvernement de réconciliation nationale ». Ils tentent aussi de le reconquérir par l'invasion ou la rébellion, par des coups bas sur le plan économique, caractérisés notamment par la hausse artificielle des prix du carburant, par le taux de change fluctuant au gré de commerçants spéculateurs, dont la plupart sont des agents de sécurité qui ont été chassés du pouvoir. Ce sont là quelques-unes des intrigues dont se servent ceux qui ont encore l'espoir de reconquérir leur paradis perdu.

Et Mzee de poursuivre : « dans une agglomération comme Kinshasa, on sent immédiatement que la vie a subi les secousses de la guerre. La guerre est multiple, parfois économique. Et ceux qui sont au four de l'économie vous mettent à l'épreuve pour voir si vous avez la conviction de ce que vous prétendez être. Ils vous grignotent quelques litres d'essence, vous contraignant à aller à pied. Ils se rendent compte qu'ils ont atteint votre moral. Vous dites: « Le gouvernement ne fait rien, ce n'est pas possible, nous avons faim, nous nous déplaçons à pieds ». Mais ceux qui manipulent l'économie sont les responsables de cette guerre qu'ils mènent pour vous détourner de votre pouvoir. C'est là une façon de vous demander de leur concéder le pouvoir. Le malin qui est à l'affût du pouvoir veut que vous le laissiez tranquille, que vous croyiez qu'il n'est pas responsable de votre malheur, alors que c'est bien lui le responsable. Son intention est de pouvoir récupérer rapidement le pouvoir, grâce à l'insatisfaction des masses ».

Pour Mzee, « c'est ici que la question de la conscientisation devient vitale. Parce que le pouvoir d'Etat, le pouvoir politique, c'est l'instrument capital qui détermine le destin des peuples. Nous sommes en train de faire l'apprentissage du pouvoir, de l'exercice du pouvoir par le peuple. Mais vous n'avez pas de longue expérience parce qu'on ne vous a jamais donné la chance de gouverner votre propre destin. Les erreurs sont inévitables, mais quel type d'erreurs? A cause de la maturation politique médiocre, on est capable de livrer son pouvoir à des charlatans. Lorsqu'on parle de conscience politique des masses, c'est pour que vous soyez moralement en état d'alerte. Ceux qui ont perdu le pouvoir vous en feront voir: intrigues, artifices, tactiques. Eh bien ! Il faut mûrir politiquement ».

Dans l'esprit de Mzee, les CPP étaient aussi venus mettre fin à la politisation et au pourrissement de la Société Civile entrepris par ceux qui ont fait pourrir la classe politique de la IIe République. Eux-mêmes le disaient, les politiciens zaïrois sont pourris, corrompus, incapables. Ces messieurs, qui ont transformé la classe politique zaïroise en vassale des étrangers, ont constaté qu'il est difficile de mettre le pays debout avec cette même classe politique. Alors, ils ont transféré leur amour sur la Société Civile. Ils ont commencé à politiser et à corrompre cette société. Il n'y a pas de garantie qu'ils ne feront pas de la Société Civile ce qu'ils ont fait avec l'ancienne classe politique.

D'après Mzee encore, les CPP étaient venus mettre fin à la politisation que subit notre Société Civile : « Il faut la sauver et éviter qu'elle soit vendue aux intérêts étrangers. Mais les CPP doivent connaître les tactiques dont se servent les étrangers pour corrompre le peuple avec un petit rien. Ils passent à la télévision remettre des cadeaux, pour la plupart insignifiants, qu'ils appellent « assistance ». Ce qui est donné aux ONG comme assistance est contraire à nos convictions. On vous dit : « C'est pour alléger un peu la souffrance ». Mais voyez la quantité, comparez-la à l'envergure de la propagande faite pour ces assistances. C'est n'est pas ainsi qu'on résoudra le problème de la pauvreté. Des assistances au compte-gouttes ont toujours été données et la nation n'est pas sortie pour autant victorieuse de la pauvreté, du sous-développement et de son retard en tant que pays en voie de développement. Vous avez le pouvoir maintenant. Les partis politiques qui ne l'ont plus voudraient bien entrer en possession de cet instrument capital qui contrôle le destin de tout un peuple ».

De toutes ces considérations, il fallait retenir que le CPP n'était pas un parti politique, mais le peuple organisé et structuré. C'était un grand rassemblement de tous les Congolais patriotes conscients, poursuivant un seul but, afin d'être les maîtres indiscutables de leur destin, car un peuple n'a pas de maître ; il est son seul maître. On peut acheter une clique d'individus, mais on ne peut acheter un peuple entier. On peut corrompre de petites unités, des groupements politiques. Mais non un peuple uni pour son bonheur, qui a compris qu'il est maître de son destin.

Mzee n'était pas contre les partis politiques. Mais force était de constater que les partis politiques congolais n'ont pas pu créer le bonheur du peuple. Il était donc temps pour le peuple de créer lui-même son propre bonheur. Mzee lançait ainsi une invitation à nos compatriotes afin qu'ils fassent des efforts nécessaires pour mûrir politiquement. La maturation politique devait aider à faire le bon choix, à se préserver des sollicitations politiciennes. Mzee était pour l'organisation d'un « Débat national » parce que « nous voulons parler, conscientiser et nous entendre sur l'essentiel. Nous parlerons à tout le monde, dans le cadre d'un Débat national ouvert. Ce ne sera ni la Conférence Nationale Souveraine, ni la Table Ronde ».

L'idée était simplement de donner l'occasion aux gens qui sont contre nous de débattre du problème clé : la source du pouvoir. Et Mzee de constater que « leur source a toujours été extérieure ». Or, le Congo ne l'acceptait plus. Si on voulait briguer un mandat, il convenait de se présenter aux élections libres. Et personne ne devait être empêché de se présenter aux élections pour quelque motif que ce soit.

Le débat national, c'est la création du peuple. Pour tenter de forger une entente sur les questions essentielles de la nation, la question principale était celle de la source de légitimité du pouvoir. Tout le monde est-il d'accord que le pouvoir vient du peuple par le biais des élections? Alors il ne faut pas que l'on puisse recourir à la formation de gouvernements qui viendront de conclaves, de combines. Les gens ne vont pas au débat national pour créer des gouvernements que le peuple n'a pas élus. Comme on le voit, les CPP mettaient en place un processus de démocratisation, et non pas de dictature.

Lumumba et Kabila : deux hommes, un destin

La mort tragique de Mzee

L'ombre de Mzee continue de planer sur le pays tant sa mort tragique demeure l'une des énigmes de l'histoire politique africaine. Ni les hypothèses avancées par divers analystes ni le procès ouvert à cet effet ne viennent éclairer d'un jour nouveau les vrais responsables de l'assassinat et les responsabilités. Il y a encore plusieurs théories, plusieurs hypothèses, plusieurs pistes, sur la mort de Mzee. Peut-être un peu trop. Il est clair que Laurent-Désiré Kabila dérangeait tout le monde. En Afrique et dans le monde. Mzee a défié le monde entier. Il a démontré qu'une révolution africaine pouvait avoir lieu sans l'aide de l'Occident. Mzee a affiché une indépendance d'esprit, et dans l'exercice du pouvoir, comme aucun dirigeant avant lui ne l'avait fait. Il a travaillé sans aide extérieure et a atteint des résultats inattendus, en très peu de temps. Il a montré une voie à notre peuple, à l'Afrique noire. Lorsque Mzee était là, sur le plan économique, il a bloqué tous les mafieux.

Devant la partition du pays à la suite de la constitution des rebellions RCD et MLC, il n'a pas faibli, en affichant sa détermination à aller jusqu'au bout dans la défense du territoire national. Et tout le monde sait que Mzee, vivant, il n'y aurait jamais eu la mascarade de Sun City qui a vu notre pays vendu et trahi sur l'autel d'un curieux scénario appelé « 1+4 ». Bref, Mzee dérangeait... Et il était constamment la cible de nombreux groupes, aussi bien africains qu'internationaux. Mzee a ainsi échappé à de nombreux complots.

En guise d'exemple, je vais relater cet incident intervenu au Zimbambwe. Le 7 mars 1999, à l'aéroport de Harare, la police zimbabwéenne avait arrêté trois Américains. Ils venaient de Kinshasa, et se passaient pour des missionnaires protestants de « Harvest Fields Ministries ». Mais, très rapidement, les enquêtes menées au Zimbabwe et au Congo permettent de mettre en lumière les faits ci-après[1].

Les suspects s'appellent Joseph Pettijohn, Jona Dixon et Gary Blanchard. On découvre qu'il s'agit en réalité de militaires chevronnés, disposant d'une grande quantité d'armes sophistiquées. On découvre aussi qu'ils sont en liaison avec un fonctionnaire américain et quatre fonctionnaires britanniques arrêtés à Kinshasa le 9 mars, accusés d'espionnage et placés en résidence surveillée, avant d'être expulsés quelques jours plus tard, après l'intervention des postes diplomatiques américains et britanniques.

Le ministre congolais de l'Intérieur de l'époque, Gaëtan Kakudji, déclarera : « cette expulsion est directement liée à l'arrestation, ce week-end, de trois Américains à Harare ». Leurs réseaux s'étendent au Zimbabwe et au Congo ; ils avaient loué des caches d'armes à Harare, ainsi qu'à Lubumbashi où ils s'étaient installés vers le mois de mars 1997, juste avant l'arrivée du président Kabila dans cette ville. La

---

[1] Sur ces événements, voir Martens L., op. cit., pp. 535-539, et Braeckman C., « Congo : une guerre, plusieurs visages », *Le Soir*, 15 mars 1999.

vérification des aveux a permis aux officiers du renseignement du Zimbabwe de découvrir que les trois « missionnaires » étaient liés au gouvernement américain. Leur mission était de déstabiliser le Congo et le Zimbabwe. Ils portaient sur eux un plan du State House, la résidence du président Robert Mugabe, dont le renversement, suscité par son engagement aux côtés de Kabila, était évoqué depuis le mois de novembre. Mais, plus précisément, note le journal zimbabwéen *The Herald* du 15 mars 1999, « les trois ont admis que leur but était d'assassiner Kabila... ».

Quand, comme moi, vous étiez à côté de Mzee, vous viviez constamment avec la pression et la menace de la mort. Quand j'étais ministre de l'Intérieur, chaque jour sur mon bureau, j'avais un rapport affirmant : « on veut tuer le Président... ».

Le 16 janvier 2001, le jour de l'assassinat du Président, je suis chez moi quand Mzee m'appelle vers 6heures du matin. Il me demande de passer le voir au Palais de Marbre. Le rendez-vous est fixé à 11h du matin. Quand j'arrive au Palais de Marbre, pendant que je garais ma voiture aux alentours, plus de trois coups de feu me feront sursauter. L'agitation particulière qui allait suivre ce bruit inhabituel dans le palais présidentiel attire davantage mon attention.

Je sors vite du véhicule, je m'élance vers la barrière d'entrée. Malgré mon statut de ministre et de proche de Mzee, les militaires m'empêchent pendant quelques instants d'entrer. J'attendrais une dizaine de minutes avant d'être autorisé à entrer. Pendant que je courais vers les bureaux de Mzee, les vrombissements d'un hélicoptère s'amplifiaient...

Je rentrais dans le palais présidentiel, et l'hélicoptère s'envolait, avec le corps de Mzee. J'ai trouvé Maître Mbuyu, Eddy Kapend et le professeur Mota. Ce dernier avait assisté à la scène de l'assassinat. Maître Mbuyu pleurait pratiquement...

Eddy Kapend me montre du doigt un corps gisant sur la pelouse :

- C'est lui qui a tiré sur Mzee... Après son geste, il s'enfuyait par le jardin... Je l'ai poursuivi et je l'ai abattu à mon tour...

J'ai reconnu le corps de Rachidi Kasereka Minzele, un des gardes proches de Mzee. Selon la version qui m'est alors donnée, le garde avait demandé à rencontrer Mzee. Il serait entré dans la pièce où le Président travaillait avec le professeur Mota. Il aurait tiré sur Mzee. Il aurait quitté le lieu du crime en catastrophe. Il sera abattu par Eddy Kapend, alors qu'il tentait de s'échapper...

J'ai bien connu Rachidi Kasereka Minzele, ce jeune homme devenu l'assassin de Mzee. Selon ma conviction, le jeune homme aurait vengé Masasu, qu'il considérait, comme tous les autres jeunes de son groupe, comme un maître. Je dirais même un gourou. En effet, le dévouement pour Masasu était devenu une sorte de religion. Ils étaient tous envoûtés, manipulés par Masasu.

J'ai bien connu aussi Masasu. J'ai travaillé avec lui pendant longtemps. C'était un jeune homme assez voyou. Son histoire remonte à l'époque de la constitution de l'AFDL, à Lemera. De mère rwandaise et de père mushi, Masasu fut proposé à Mzee par

Kagame. Mais l'homme était ambitieux, un peu trop quand on considérait son niveau scolaire et ses compétences.

A la constitution de l'AFDL, il s'était proposé d'encadrer les « kadogos ». Il s'est senti comme une sorte de « vice-président », alors qu'il n'avait aucune éducation. Je me souviens d'une scène très précise, à Bukavu. Mzee était en train de prononcer un discours. Masasu est venu en retard. Il voulait monter à la tribune avec son arme. Le garde chargé de la sécurité de Mzee – du nom de Gakwerere - tenta de lui barrer le passage en lui faisant comprendre qu'il ne pouvait pas se comporter de cette manière. En vain. Masasu était quand même monté. Je me rappelle que le chef de la garde est venu dire à Mzee qu'il allait démissionner à cause du comportement de Masasu. Malgré son arrogance, je ne l'ai jamais vu aller au front. Même moi, j'étais plus au front que lui. Il ne connaissait rien, mais il faisait du zèle, il s'agitait... Quant on est arrivé à Kinshasa, Mzee était embarrassé. Il ne savait quel poste confier à Masasu. Pour la forme, il lui confiera le grade de commandant, mais sans fonction.

Après son emprisonnement (à Buluo), il est rentré et s'est mis à monter des coups contre Mzee. Hélas, parmi les « Kadogos » qui sont arrivés à Kinshasa, à sa suite, Masasu avait réussi à avoir de nombreux acolytes. Je pense que l'assassin de Mzee faisait partie de ces acolytes formés pour l'essentiel à Rumangabo ou à Lemera.

Sauver la nation, malgré le malheur…

Dans l'hélicoptère qui amenait le corps de Mzee, il y avait le ministre de la Santé. L'incident s'est produit pendant qu'il attendait d'être reçu par le Président. La tragédie nous plongeait dans une tension militaire et politique intense. Il fallait garder la tête froide pour gérer la situation. Les militaires du palais présidentiel étaient évidemment au courant de l'accident : ils avaient pris position. Il y avait aussi la famille de Mzee qu'il fallait rassurer. La famille du Président occupait des appartements au sein même du Palais de Marbre.

Il fallait donc gérer aussi bien la situation politique, militaire que familiale. Les circonstances historiques ont voulu que je fasse partie du comité de crise qui allait se constituer rapidement, à cet effet. Comme chacun le sait, mon rôle personnel dans la gestion de cette grave crise sera même non seulement crucial mais prépondérant.

Pendant que l'aspect médical est géré au niveau de la Clinique Ngaliema, j'irais voir la famille de Mzee dans ses appartements. C'était déjà le deuil. Maman Sifa et tous les enfants étaient en pleurs. J'essayais de les rassurer en leur disant que Mzee n'était pas mort, qu'il était entrain d'être soigné... En vain...

Dans cette tension, alors que la nouvelle commençait à se propager dans la ville, Eddy Kapend, dans son rôle d'Aide de Camp du chef de l'Etat allait prendre l'initiative de donner les instructions à l'ensemble de l'armée nationale. Car il y avait déjà de l'agitation du côté des militaires. Mais, comme on le verra par la suite, l'attitude responsable de Eddy Kapend sera mal interprétée ; le procès sur l'assassinat de Mzee sera, pour ce dernier, un procès à charge alors que ce brave compatriote ne faisait que son devoir.

Moi aussi, je ne pensais qu'à mon devoir. J'ai pris l'initiative d'étendre le cercle de la réflexion. Je trouvais en effet important que l'on réfléchisse ensemble sur la grave situation. J'ai appelé le Chef de la Garde présidentielle, le Général Tango Tango. J'ai fait venir certains ministres. Je demanderais à l'Intendant du Président d'envoyer un avion pour aller chercher le général Joseph Kabila qui était au Katanga. Pour moi, sa présence était indispensable et naturelle : il était l'aîné de la famille. J'ai appelé les généraux Yav, Olenga et Lwesha.

Dans la nuit, j'apprends - par Eddy Kapend qui venait d'être informé par Mashako - la mort de Mzee. La tension s'amplifiait... Je me souviens de Eddy Kapend me demandant, inquiet :

- « Mais qu'est-ce qu'on va faire ? »

En effet, il fallait réfléchir rapidement avant que la panique nous domine, nous pousse à des actions infructueuses et maladroites. L'avion qui ramenait Joseph à Kinshasa arriva vers deux heures du matin. Arrivé à Kinshasa, Joseph se rendra tout de suite à la Cité de l'OUA, sous la protection du général zimbabwéen Tshingombe qui commandait « Task Force ». La même nuit, vers trois heures du matin, nous allions gagner à notre tour la Cité de l'OUA. Nous y trouverons le général Olenga, et deux autres

généraux zimbabwéens. J'étais le seul civil. Je n'ai pas pris des gants et je leur ai annoncé sans détours:
- « Mzee est mort... »

Un silence lourd planait au-dessus de nous. La tension était extrême. Une tristesse indicible habitait chacun de nous. Mais j'ai poursuivi mon propos en m'adressant cette fois-là à Joseph :
- « Ecoute, tu es un homme... La situation est grave. Il faut prendre tes responsabilités ».

Le général Tshingombe prit mal ma suggestion :
- « Mais la politique, c'est une affaire de civils... »

Je continuais sur ma lancée :
- « Il faut sauver la nation... Il n'y a que le fils de Kabila pour assurer la relève... »

Eddy Kapend était d'accord, le général Olenga aussi. Joseph était d'accord, aussi, évidemment. C'est encore moi qui allais proposer l'évacuation du corps de Mzee pour Harare. Séance tenante, nous allions appeler au téléphone le Chef d'Etat-major zimbabwéen. Il était lui aussi choqué par la nouvelle. Il donna son accord sans hésiter. Le Président Mugabe était en Egypte, en visite officielle. J'ai insisté pour avoir son numéro de téléphone. Je connaissais la force de l'amitié qui unissait Mzee et Mugabe, ces deux africanistes intransigeants.

Le Président Mugabe – que je fais réveiller en pleine nuit - est atterré par la nouvelle, il était au bord des larmes. Je lui ai expliqué la délicate situation dans laquelle la mort de son ami nous plongeait. Pour moi, la dépouille devait être à l'abri de l'agitation qui commençait à gagner la ville. Nous ne savions pas comment les choses allaient évoluer.

Nous nous sommes rendus à la Clinique Ngaliema. J'ai fait venir les médecins, infirmiers et autres auxiliaires médicaux qui veillaient sur le corps de Mzee. Je leur ai expliqué, sur un ton solennel et ferme :

- « Ecoutez-moi, la mort d'un président est une situation politique grave, une affaire d'Etat. Je vais faire appel à votre sens de responsabilité. Je vous demande de garder ce secret avant la diffusion officielle de la nouvelle. De toutes façons, à partir de cet instant, vous ne pouvez plus rentrer chez vous... On vous amène à Harare... »

Pendant que je parlais, le corps de Mzee gisait sur un lit : le Président souriait... Oui, Mzee est mort avec le sourire aux coins des lèvres. J'ai eu un pincement au cœur... Cette image du Président gisant sur un lit banal, sans vie, me hante encore...

Le premier scénario était de transporter le corps de Mzee par l'hélicoptère. Mais ça n'a pas marché : le siège étant trop étroit. Nous avons dû alors nous rendre en voiture, en utilisant l'ambulance de l'hôpital. L'hélicoptère nous avait précédés. Tout le personnel de l'hôpital qui était au courant de l'accident était embarqué pour l'étrange voyage à destination de Harare. Y compris le chauffeur de l'ambulance...

Le lendemain matin, nous avions dû maintenir tant au niveau des médias que des institutions de la République la version suivante : le Président a été victime d'une tentative d'assassinat, il a été grièvement blessé, mais il n'est pas mort, il était au Zimbabwe en soins intensifs...

Mais notre stratégie sera très vite battue en brèche à cause du comportement de certains ministres qui, pris de peur, sont allés demander asile auprès de certaines ambassades, celle de la Belgique notamment. Et celle-ci éprouvera un malin et malsain plaisir à annoncer dans les médias internationaux la mort de Mzee. Je dois reconnaître que la fuite dans les médias de masse provenait aussi des autorités politiques zimbabwéennes ; elles n'étaient pas aussi précautionneuses que nous. Et cela se comprend.

La priorité était donc de combler le vide laissé par Mzee : un grand vide au regard de sa forte personnalité. Il nous fallait installer son fils à ce poste laissé vacant. Si la plupart des ministres que nous contactions étaient d'accord, il fallait tout de même formaliser la procédure en passant par le parlement. Je pensais que Joseph Kabila avait besoin de l'aval du peuple au travers du parlement. J'irais au parlement présenter la proposition du gouvernement de porter Joseph Kabila au poste de Président... Les parlementaires ont approuvé notre démarche. Je tiendrais par la suite une conférence de presse au Grand Hôtel, peu avant les funérailles.

Le cas Eddy Kapend

Ce livre est également le lieu de revenir sur ce que l'opinion publique nationale et internationale appelle « l'affaire Eddy Kapend ». L'affaire « Eddy Kapend » continue en quelque sorte d'obséder notre mémoire nationale des Congolais, malgré les verdicts rendus par la Cour d'ordre militaire dans le complexe procès de l'assassinat de Mzee. Eddy Kapend est-il coupable ou non, dans l'assassinat de Mzee ?

Je suis un homme d'Etat, un nationaliste, je demeure une sentinelle de la mémoire de Mzee. A ces divers titres, je me sens le devoir de donner mon avis sur cette affaire et surtout expliquer le contexte général à partir duquel je prends ma position. Les circonstances de la mort de Mzee ont été telles que les gens ont mélangé la spéculation de la rue et les faits.

Pour comprendre ce qui est arrivé à Eddy Kapend, il faut remonter plus loin, bien avant la mort de Mzee. Eddy Kapend était, en effet, très proche de Mzee, par ses fonctions d'Aide de Camp du Commandant Suprême de nos armées. Cette proximité, à la fois professionnelle et finalement affective, faisait de lui le mal-aimé de tous les généraux de l'armée nationale. Pour une raison simple et compréhensive humainement : Eddy Kapend n'était qu'un colonel ! Or, Mzee avait tendance à l'envoyer faire exécuter certains ordres. Tout passait par Eddy Kapend, y compris les ordres militaires les plus complexes.

Eddy Kapend était devenu un « super général », mais sans gallons correspondants. Cet état des choses était mal vécu par ses supérieurs. La situation a duré longtemps et je crois que Eddy s'en délectait à cœur joie. C'est toujours amusant et excitant de se placer au dessus de ses supérieurs, dans les faits. J'avoue qu'il y avait beaucoup d'officiers supérieurs qui les jalousaient et qui ne souhaitaient que le départ de Eddy Kapend de la maison militaire. Je tiens ces informations de certains généraux qui venaient se plaindre auprès de moi contre le comportement parfois arrogant de Eddy Kapend. Je pense que Mzee était au courant de la situation, mais il protégeait son aide de camp.

A la mort de Mzee, tout a basculé pour Eddy Kapend. Dans l'étrange situation de gestion de la mort de Mzee, Eddy Kapend a pris son courage en déclarant devant la nation un couvre-feu. Plus grave : il s'est adressé aux soldats et militaires en prononçant une phrase considérée dans l'armée comme un pêché mortel : « *J'ordonne* ». Cette phrase fera de lui l'homme à abattre ! L'homme à rechercher par ses supérieurs dans l'armée ! Et Mzee n'était plus là pour le protéger ! Certains généraux - en formation continue au Zimbabwe à la mort de Mzee - en étaient fous furieux. A la « commission des alliers » chargée d'enquêter sur la mort de Mzee, la question de « la petite phrase » revenait sans cesse. De fortes présomptions commençaient alors à peser sur Eddy Kapend. L'étau se resserrait de jour en jour, au fur et à mesure de l'avancement du procès.

Le premier rapport de la commission sur l'assassinat de Mzee et les propos du général Zimbabwéen

Shendondo impliquaient clairement Eddy dans l'assassinat de Mzee, d'autant plus que le même Eddy avait tiré sur l'assassin de Mzee ! Divers éléments du rapport de la commission, dans laquelle je n'ai jamais siégé pour des raisons d'objectivité, indiquaient que les militaires angolais, zimbabwéens, namibiens et congolais soupçonnaient Eddy Kapend. Et d'ailleurs pour qu'il soit entendu, le général Shendondo l'avait littéralement « cueilli » de force, à la présidence de la République, où il travaillait. Après l'audition, le général Shendondo allait ordonner l'arrestation immédiate de Eddy. Ces éléments accablants pour Eddy allaient par la suite influencer la Cour d'ordre militaire, lors du procès. Pour tout dire, je considère que le procès fut une occasion pour certains officiers supérieurs de la Cour de régler son compte à Eddy Kapend. En fait, au procès, Eddy Kapend faisait face à certains de ses anciens ennemis, mais cette fois-là sans moyen de défense fort.

Quant à moi, j'étais avec Eddy Kapend dans quatre moments déterminants de l'histoire de l'assassinat de Mzee. J'étais avec lui juste après le départ de l'hélico qui transporta le corps de Mzee à l'hôpital Ngaliema. Il m'avait clairement dit, en présence de maître Mbuyu Luyongola, que c'était lui qui avait tiré sur Rachidi Minzele. Personnellement, je n'avais pas décelé l'attitude d'un ambitieux.

Dans la panique, il n'aurait exprimé qu'une intention de prendre les choses en main. Bien sûr, selon ses propres déclarations, il avait pris les deux décisions sans consulter la hiérarchie. J'étais également avec Eddy Kapend le soir de l'assassinat de Mzee, dans l'enclos du Palais de Marbre. Il me fera d'ailleurs assister à la causerie morale des troupes présidentielles (GSSP). Pendant toute la causerie morale, le colonel Kapend n'a rien dit qui pouvait faire penser qu'il avait des ambitions à la tête de l'Etat.

La causerie morale était normale et visait à enlever la panique au sein des troupes. L'opération avait d'ailleurs totalement réussi. J'étais également avec le colonel Eddy Kapend vers 2 heures du matin dans son bureau. Il m'a appelé, au téléphone, pendant que j'étais en train de consoler la famille de Mzee dans ses appartements. A mon arrivée, à son bureau, je constaterai que sa garde était surarmée. Lui-même portait deux armes. Comme je l'avais déjà signalé, la grande décision de succession de Mzee avait été évoquée en présence de Eddy Kapend. Après notre entretien, on n'attendait plus que l'arrivée de Joseph Kabila. En d'autres termes, je n'ai enregistré aucune ambition politique chez lui, puisque, comme nous, il soutenait la « solution Joseph Kabila ». Entre ces faits, il m'apprendra la mort de Mzee, effondré et profondément triste. Désemparé, il me posera, avec gravité, la question suivante :
- « Dis-moi, Mzee est mort ; qu'allons-nous faire ? »

Il était manifeste que Eddy Kapend, comme nous-mêmes, ne savait rien de l'assassinat de Mzee. Au contraire : cette mort l'avait plongé dans un désarroi indicible. Pendant toutes ces années, je continue de me convaincre qui si Eddy Kapend était le vrai commanditaire de l'assassinat du président de la République, il allait commencer par me neutraliser, moi d'abord, car, comme lui, j'étais au coeur du drame.

Si Eddy était le coupable, il allait commencer par me faire tuer, cette nuit-là même, au milieu de toutes les armes qu'il disposait. Enfin, j'étais avec Eddy Kapend à la Cité de l'OUA, la nuit du drame.

Quand j'ai annoncé la terrible nouvelle à Joseph, en lui demandant de prendre tout son courage pour succéder à son père, Eddy Kapend était naturellement parmi les premiers à appuyer la position. Toutes ces raisons m'ont toujours fait penser que Eddy n'a rien à voir dans l'assassinat de Mzee.

Postface :
Joseph Kabila Kabange,
ou la poursuite du combat de Mzee

J'ai connu Joseph Kabila à Goma, dès mes premiers jours au sein de l'AFDL. J'habitais la maison mitoyenne à celle de Mzee. Joseph restait avec son père. Il allait au front, et il rentrait toujours près de Mzee. Ce dernier restait toujours avec son fils quand il était à Goma. Jamais Joseph ne restait ailleurs. Quand Mawampanga et moi avions besoin de quelque chose, c'est Joseph qui nous assistait.

Je rencontrais James Kabarebe. Contrairement à ce que ce Rwandais raconte, Joseph Kabila n'était pas son aide de camp. Il y avait à l'évidence une certaine amitié qui les liait. Joseph Kabila allait souvent au front avec lui. La raison était simple : Mzee tenait à former son fils. J'ai plusieurs exemples qui montrent comment Mzee tenait à ce que Joseph se forme, qu'il devienne rapidement un « homme », un « soldat aguerri », pour reprendre ses expressions favorites.

Sur les origines de Joseph, je témoigne, moi, qu'il est bien le fils de Kabila. Mzee le présentait comme tel. Il y a des mauvaises langues qui passent le clair de leur temps à avancer que Joseph Kabila ne serait pas le fils biologique de Mzee. Etant l'un des défenseurs de la mémoire de Mzee, je me sens investi d'un devoir historique à apporter toute le lumière sur cette question. Si je ne le fais pas, ce serait comme si je trahissais la mémoire de Mzee.

De son vivant, Mzee nous démontrait une tendresse sans bornes envers ses enfants, du moins ceux que je connaissais. Et je connaissais ses enfants. Tenez, une fois, nous avions quitté les maquis pour nous rendre en Tanzanie. Après notre visite chez Nyerere et chez le président de la République, nous sommes allés chez Mzee pour « voir la famille ».

J'étais impressionné. Mzee m'a laissé au salon. Il s'est enfermé, dans la chambre à coucher, avec toute sa famille, maman Sifa et les enfants présents. Joseph et Janet étaient absents. Après cette réunion familiale, nous devions reprendre l'avion. Je me souviens que Mzee avait demandé à Zoé Kabila qui était encore très jeune de l'accompagner jusqu'au pied de l'avion. La ressemblance entre Joseph et Zoé était déjà frappante.

Au maquis de Goma comme à Kinshasa, Mzee avait l'habitude manger avec tous ses enfants présents. Comment puis-je aujourd'hui nier tout cela ? Non seulement, Mzee m'a démontré son attachement à Joseph et aux autres enfants, mais plusieurs fois il a rejeté avec force le lien filial des « aventuriers » qui se présentaient chez lui comme étant ses enfants. Par exemple, une fois il m'a appelé à Lubumbashi pour une histoire étrange.

Dans l'avion, je constate que le général Kifwa était du voyage, accompagné d'une fille. Celle-ci se présentait comme fille de Mzee, issue d'un autre lit. Je ne soupçonne rien. Le lendemain de notre arrivée à Lubumbashi, Mzee nous appelle au bureau avec sa propre petite sœur. Il demanda au général Kifwa de « faire entrer le colis ».

Devant nous trois, Mzee demande sèchement à la fille :
-« Toi, qui es-tu ? »

La fille donne son nom. Mzee enchaîne :
- « Tu es la fille de qui ? »
La fille donne le nom d'une dame que Mzee ne reconnut pas. Mais calmement, Mzee poursuivit :
- « Tu es née où ? »
- « A Hewa Bora, répond la fille, de manière mécanique, comme une leçon apprise... »

A cette réponse, Mzee frappa d'un coup sec sur la table. Je me souviens que le coup de poing sur la table était si appuyé que le général Kifwa a sursauté et s'est mis débout sans qu'on le lui demande. Pris d'une colère noire, Mzee se tourne vers moi et me demande sur un ton sévère :
- « Mwenze, toi, tu ne connais pas mes enfants ? »
- « Si, monsieur le Président... »
- « Ressemblent-ils à cette racaille ? »
- « Non, Monsieur le Président... »

Il regardait sa sœur et celle-ci tremblait comme feuille. Elle était à côté de la fille. D'un ton sec, Mzee ordonne aux deux femmes de se mettre à genoux. Puis il appelle son demi-frère Georges, qui était alors directeur provincial de l'ANR, et lui dit :
- « Amène toutes les deux à la prison de Kasapa et si l'une d'elles sort sans mon autorisation, tu répondras de ça... »

Six mois plus tard, lors d'une visite officielle à la Kasapa, je retrouverai encore les deux femmes dans leurs cellules. Cette anecdote illustre bien que Mzee était très attaché à ses enfants et il en était fier. On ne pouvait pas lui attribuer des enfants inconnus, sans qu'il ne réagisse violemment. En d'autres termes, Mzee exhibait ses enfants avec fierté. Et l'actuel Président, comme tant d'autres enfants de Mzee, a bénéficié de cet attachement paternel. Je l'ai vécu personnellement dès les maquis.

Entre Mzee et nous, ses proches collaborateurs, tout passait par le biais de Joseph Kabila. Quand nous avions besoin de quelque chose, c'est par Joseph que nous passions. Par ces temps marqués par la suspicion, par la méfiance entre nous, car nous savions déjà que nous ne pouvions faire confiance aux Rwandais, Mzee reposait déjà certaines responsabilités sur son fils. Il tenait beaucoup à sa formation, d'homme et de militaire. En écrivant ces lignes, mon souhait est que le peuple congolais puisse mettre fin à cette spéculation qui n'aide pas la nation. Une rumeur démunie de tout fondement, de tout sens. Joseph Kabila est bel et bien le fils de sang de Laurent-Désiré Kabila. Tenez-le de Mwenze Kongolo !

L'HARMATTAN, ITALIA
Via Degli Artisti 15 ; 10124 Torino

L'HARMATTAN HONGRIE
Könyvesbolt ; Kossuth L. u. 14-16
1053 Budapest

L'HARMATTAN BURKINA FASO
Rue 15.167 Route du Pô Patte d'oie
12 BP 226
Ouagadougou 12
(00226) 50 37 54 36

ESPACE L'HARMATTAN KINSHASA
Faculté des Sciences Sociales,
Politiques et Administratives
BP243, KIN XI ; Université de Kinshasa

L'HARMATTAN GUINÉE
Almamya Rue KA 028
En face du restaurant le cèdre
OKB agency BP 3470 Conakry
(00224) 60 20 85 08
harmattanguinee@yahoo.fr

L'HARMATTAN CÔTE D'IVOIRE
M. Etien N'dah Ahmon
Résidence Karl / cité des arts
Abidjan-Cocody 03 BP 1588 Abidjan 03
(00225) 05 77 87 31

L'HARMATTAN MAURITANIE
Espace El Kettab du livre francophone
N° 472 avenue Palais des Congrès
BP 316 Nouakchott
(00222) 63 25 980

L'HARMATTAN CAMEROUN
BP 11486
Yaoundé
002374586700
002379766166
harmattancam@yahoo.fr

644367 - Mars 2016
Achevé d'imprimer par

1livre.com
du rêve à la réalité !